KB033911

손으로 쓰면서 외우는

JLPT N4+N5 30일완성

손으로 쓰면서 외우는
JLPT N4+N5 30일 완성

초판 1쇄 인쇄 2021년 2월 19일
초판 1쇄 발행 2021년 2월 26일

저 자 나무
펴 낸 이 최수진
펴 낸 곳 세나북스
출판등록 2015년 2월 10일 제300-2015-10호
주 소 서울시 종로구 통일로 18길 9
홈페이지 http://blog.naver.com/banny74
이 메 일 banny74@naver.com
전화번호 02-737-6290
팩 스 02-6442-5438
I S B N 979-11-87316-77-0 13730

* 정가는 뒤표지에 있습니다.

손으로 쓰면서 외우는

JLPT N4+N5 30일 완성

나무 지음

문법편

세나북스

오감을 이용해 기억력을 높이는 '필사 공부법'

일본어 공부를 시작해 기초 문법을 마치고 나면 많은 사람들이 JLPT 시험에 관심을 가집니다. 시험은 단계적으로 공부를 계속하기 위한 좋은 수단이자 동기 부여 방법이기 때문이지요.

가장 낮은 단계인 N5와 N4는 자격시험을 보든 안 보든 꼭 거쳐야 하는 학습 과정입니다. N5에는 주요 기초 문법의 복습과 간단한 문형, N4에는 일상 회화에 자주 사용하는 필수 문형들이 담겨 있습니다.

유학, 취업 등에서는 대부분 N3 이상을 요구하지만 N4~N5에는 일상생활에서 자주 사용하는 필수 표현이 가득해 이것을 공부하지 않으면 향후 학습에서 많은 어려움을 겪게 됩니다.

이 책은 감각을 이용하는 '필사'를 통해 공부하는 교재입니다. 눈으로 보고 손으로 쓰고 느끼며 공부하는 것으로, 각 문장을 소리 내 읽으면서 필사를 하면 더욱더 효과적입니다.

특히 외국어는 단어 하나하나를 따로 외우기보다는 문장을 통째로 외워야 문법과 글자, 의미를 동시에 이해할 수 있기 때문에 표현마다 문장을 하나씩 선택해서 외우는 것을 추천합니다.

주기적인 반복을 통한 기억력 높이기

사람의 기억력을 높이는 방법에는 여러 가지가 있습니다.

첫 번째 방법은 '최대한 많은 감각을 이용하는 것'입니다. 일본어를 공부할 때도 단지 눈으로 보기만 하는 것보다 오감을 이용하는 편이 더 많이, 오랫동안 기억에 남아 공부에 도움이 됩니다.

예를 들어 '딸기'라는 뜻의 일본어 'イチゴ'를 외울 때, 눈으로 보고(시각), 손으로 쓰면서(촉각) 입으로 소리 내어 읽고(청각), 딸기 향기를 맡은 후(후각) 먹으면서(미각) 외운다면 오감을 모두 이용한 것으로서 기억력을 높일 수 있다는 의미입니다.

사람의 기억력을 높이는 또 하나의 방법은 '반복'입니다.

심리학 교수 다니엘 샥터가 제창한 '에빙하우스의 망각곡선'은 사람이 기억했던 것을 잊어가는 과정, 즉 망각해 가는 단계를 정리한 이론입니다. 이에 따르면 사람은 무언가를 기억한 후 채 10분도 지나기 전에 잊어버리기 시작해 20분이 지나면 이미 40% 이상을 잊어비리고 한 달 뒤에는 외웠던 내용 중 겨우 21% 정도밖에 기억하지 못한다고 합니다.

그래서 이 책에서는 10일 차, 20일 차, 30일 차에 앞서 공부한 내용을 반복할 수 있도록 리뷰Review를 넣었습니다. 1일 치를 필사한 후 다시 한 번 눈으로 읽은 뒤 공부를 끝내고 다음 날에는 전날 학습 내용을 반드시 읽어본 후 다음 필사를 합니다.

이처럼 1시간, 하루, 3일, 일주일, 한 달 등 주기적으로 내용을 복습하면 오랫동안 기억을 유지할 수 있습니다.

본인 상황에 맞는 예문 만들어 보기

마지막으로 추천하는 공부 방법은 주어진 예문 이외에 본인의 현재 상황에 맞는 '예문을 직접 만들어 보는 것'입니다. 사람은 자신과 밀접한 관계가 있는 것, 흥미가 있는 것을 그렇지 않은 것보다 더 잘 기억한다고 합니다. 마음으로 공감되는 내용은 머리뿐 아니라 가슴에 강하게 남습니다.

제시된 예문을 보고 베껴 쓴 다음 자신의 상황에 맞는, 혹은 본인이 하고 싶은 말을 예문으로 만들어 보시기 바랍니다.

위의 세 가지 방법을 활용한다면 단 한 번의 학습만으로도 일본어 실력 향상에 큰 효과를 얻을 수 있을 것입니다.

저자 나무

Chapter 3. 다양한 표현들, 어휘력 늘리기

품사별 표기 및 활용

동사

V(동사)	1그룹 예시	2그룹 예시
V 사전형	乗る	食べる
Vます형	乗ります	食べ
V た형	乗った	食べた
V て형	乗って	食べて
V ない형	乗ら(ない)	食べ(ない)
V ば형	乗れば	食べれば
V 의지형	乗ろう	食べよう
V 보통형	乗る/乗った 乗らない/乗らなかった	食べる / 食べた 食べない / 食べなかった

형용사

ィA(ィ형용사)	예시
ィA 사전형	さびしい
ィA 어간	さびし
ィAい	さびしい
ィA く	さびしく
ィAて형	さびしくて
ィA 과거형	さびしかった
ィAば형	さびしければ
ィA 보통형	さびしい / さびしくない さびしかった / さびしくなかった

명사

N(명사)	예시
N	車
Nの	車の
Nである	車である
N 보통형	車だ / 車だった 車ではない / 車ではなかった
N 명사수식형	車の / 車だった 車ではない / 車ではなかった

	3그룹 예시
	する
	し
	した
	して
	し(ない)
	すれば
	しよう
	する / した しない / しなかった

	ナA(ナ형용사)	예시
	ナA 사전형	好きだ
	ナA 어간	好き
	ナA な	好きな
	ナAて형	好きで
	ナA 과거형	好きだった
	ナA なら	好きなら
	ナA 보통형	好きだ / 好きだった 好きではない / 好きではなかった
	ナA 명사수식형	好きな / 好きだった 好きではない / 好きではなかった

[시작하기 전에] 동사의 구분과 활용 규칙

	わ	ら	や	ま	は	な	た	さ	か	あ
い단		り		み	ひ	に	ち	し	き	い
う단	を	る	ゆ	む	ふ	ぬ	つ	す	く	う
え단		れ		め	へ	ね	て	せ	け	え
	ん	ろ	よ	も	ほ	の	と	そ	こ	お

동사의 구분

1그룹	① 어미가 る로 끝나고 る앞이 あ, う, お 단인 동사 ② 어미가 る 이외의 う단 음으로 끝나는 동사 (う·つ·る·ぬ·む·ぶ·く·ぐ·す)
2그룹	어미가 る로 끝나고 る 앞이 い단, え단인 동사
3그룹	불규칙 동사 : する(하다), 来(く)る(오다)
예외 1그룹	형태는 2그룹 동사와 동일하지만, 활용할 때는 1그룹 규칙에 따르는 동사 예 帰る(돌아가다), 切る(자르다), 入る(들어가다) 등

1그룹 동사의 기본 활용

평서체	타다	乗る(のる)
	타지 않다	乗らない
	탔다	乗った
	타지 않았다	乗らなかった
경어체	탑니다	乗ります
	타지 않습니다	乗りません
	탔습니다	乗りました
	타지 않았습니다	乗りませんでした

· **평서체 부정형** : 끝의 う단을 あ단으로 바꾸고 ない, なかった 를 붙입니다. 단, う로 끝나는 동사는 あ가 아닌 わ로 바뀝니다.

· **1그룹 동사의 평서체 과거형(동사의 'た형')**

う, つ, る로 끝나는 단어 : う, つ, る를 없애고 った를 붙입니다

ぬ, む, ぶ 로 끝나는 단어 : ぬ, む, ぶ를 없애고 んだ를 붙입니다

く, ぐ, す 로 끝나는 단어 : く, ぐ, す를 없애고 각각 いた, いだ, した를 붙입니다

行く : く를 없애고 った를 붙입니다

· **경어체** : 끝의 う단을 い단으로 바꾸고 ます, ません, ました, ませんでした를 붙입니다

2그룹 동사의 기본 활용

평서체	먹다	食べ**る** (たべ**る**)
	먹지 않다	食べ**ない**
	먹었다	食べ**た**
	먹지 않았다	食べ**なかった**
경어체	먹습니다	食べ**ます**
	먹지 않습니다	食べ**ません**
	먹었습니다	食べ**ました**
	먹지 않았습니다	食べ**ませんでした**

· **평서체** : 끝의 る를 없애고 ない, た, なかった를 붙입니다

· **경어체** : 끝의 る를 없애고 ます, ません, ました, ませんでした를 붙입니다

3그룹 동사의 기본 활용

· **来る** 오다

평서체	오다	来る(**く**る)
	오지 않다	来ない(**こ**ない)
	왔다	来た(**き**た)
	오지 않았다	来なかった(**こ**なかった)
경어체	옵니다	来ます(**き**ます)
	오지 않습니다	来ません(**き**ません)
	왔습니다	来ました(**き**ました)
	오지 않았습니다	来ませんでした(**き**ませんでした)

· **する** 하다

평서체	하다	**す**る
	하지 않다	**し**ない
	했다	**し**た
	하지 않았다	**し**なかった
경어체	합니다	**し**ます
	하지 않습니다	**し**ません
	했습니다	**し**ました
	하지 않았습니다	**し**ませんでした

동사의 て형

1그룹	· う・つ・る로 끝나면 끝 글자를 빼고 って를 붙입니다. · ぬ・む・ぶ로 끝나면 끝 글자를 빼고 んで를 붙입니다. · く・ぐ・す로 끝나면 끝 글자를 빼고 いて, いで, して를 붙입니다. · 行く는 예외적으로 行って가 됩니다.
2그룹	끝의 る를 빼고 て를 붙입니다.
3그룹	する는 して, 来る는 来て(きて)가 됩니다.
예외 1그룹	끝의 る를 빼고 って를 붙입니다.

동사의 가능형

1그룹	끝의 う단을 え단으로 바꾸고 る를 붙입니다.
2그룹	끝의 る를 빼고 られる를 붙입니다.
3그룹	する의 가능형은 できる(할 수 있다, 가능하다), 来る의 가능형은 来られる(こられる)입니다.
예외 1그룹	끝의 る를 れ로 바꾸고 る를 붙입니다.

동사의 의지형

1그룹	끝의 う단을 お단으로 바꾸고 う를 붙입니다.
2그룹	끝의 る를 빼고 よう를 붙입니다.
3그룹	する는 しよう, 来る는 来よう(こよう)가 됩니다.
예외 1그룹	끝의 る를 ろ로 바꾸고 う를 붙입니다.

동사의 명령형

1그룹	끝의 う단을 え단으로 바꿉니다
2그룹	끝의 る를 ろ로 바꿉니다
3그룹	する는 しろ, 来る는 来い(こい)가 됩니다
예외 1그룹	끝의 る를 れ로 바꿉니다

동사의 수동형

1그룹	끝의 う단을 あ단으로 바꾸고 れる를 붙입니다.
2그룹	끝의 る를 빼고 られる를 붙입니다.
3그룹	する는 される, 来る는 来られる(こられる)가 됩니다.
예외 1그룹	끝의 る를 ら로 바꾸고 れる를 붙입니다.

동사의 사역형

1그룹	끝의 う단을 あ단으로 바꾸고 せる를 붙입니다.
2그룹	끝의 る를 빼고 させる를 붙입니다.
3그룹	する는 させる, 来る는 来させる가 됩니다.
예외 1그룹	끝의 る를 ら로 바꾸고 せる를 붙입니다.

동사의 사역수동형

1그룹	끝의 う단을 あ단으로 바꾸고 せられる를 붙입니다. (す 이외의 글자로 끝나는 동사에는 される도 사용)
2그룹	끝의 る를 빼고 させられる를 붙입니다.
3그룹	する는 させられる, 来る는 来させられる(こさせられる)가 됩니다.
예외 1그룹	끝의 る를 ら로 바꾸고 せられる 또는 される를 붙입니다.

Chapter 1.

동사 활용법 복습 & 응용 표현

1일차 ~ましょう : ~합시다, ~하죠

자신이 주도하여 무언가를 하자고 제안, 권유할 때 사용

Vます형 + ましょう

今日のお昼は外で食べましょう。

오늘 점심은 밖에서 먹어요.

今日は一杯飲みましょう。

오늘은 (술) 한 잔 마시죠.

明日はゆっくり休みましょう。

내일은 편히 쉽시다.

お昼 점심, 점심식사　外 밖, 외부　一杯 한 잔　ゆっくり 편히, 천천히　休む 쉬다

~ませんか：하지 않겠습니까?

부정형을 이용해 정중하게 제안, 권유하는 표현

Vます형 + ませんか

ちょっとお茶(ちゃ)を飲(の)みませんか。

잠시 차를 마시지 않으시겠습니까?

一緒(いっしょ)に映画(えいが)でも見(み)ませんか。

같이 영화라도 보지 않을래요?

あの店(みせ)に一緒(いっしょ)に行(い)きませんか。

저 가게에 함께 가지 않으실래요?

お茶 (마시는) 차　一緒に 같이, 함께　映画 영화　~でも ~라도　店 가게

~でしょう : ~하겠지요, ~이겠죠

어떤 일에 대한 추측, 예측을 말할 때 쓰는 표현

V·N·A 보통형 + でしょう (단, 현재 긍정에서 ナA, N 뒤의 だ는 생략)

午後(ごご)は晴(は)れるでしょう。

오후에는 (날씨가) 맑을 거예요.

部長(ぶちょう)は行(い)かなかったでしょう。

부장님은 안 가셨을 거예요.

北海道(ほっかいどう)はもう冬(ふゆ)でしょう。

홋카이도는 벌써 겨울이겠죠.

午後 오후　晴れる 맑다, 개이다　部長 부장　北海道 홋카이도　冬 겨울

~だろう：~할 것이다, ~이겠지

~でしょう와 같은 의미의 반말 표현. 주로 남성이 사용

V·N·A 보통형 + だろう (단, 현재 긍정에서 ナA, N 뒤의 だ는 생략)

雨(あめ)はこれから降(ふ)るだろう。

비는 이제부터 내리겠지.

大変(たいへん)なこともいつかは終(お)わるだろう。

힘든 일도 언젠가는 끝날 것이다.

あの二人(ふたり)が結婚(けっこん)？ウソだろう。

저 두 사람이 결혼? 거짓말이겠지.

雨 비 降る (비/눈 등) 내리다 大変な 힘든 いつか 언젠가 結婚 결혼 ウソ 거짓말

* ~ましょう & ~ませんか

두 문형 모두 무언가를 제안, 권유할 때 주로 사용하는 표현입니다. 이 중 동사의 부정형을 사용하는 ~ませんか는 '~하지 않으시겠어요?'로서 조금 더 부드럽고 정중한 느낌입니다. 단, ~ませんか는 大変(たいへん)じゃありませんか(힘들지 않으세요?), 明日(あした)は会社(かいしゃ)に行(い)きませんか(내일은 회사에 안 가세요?)와 같이 단순히 상대의 의견, 상황을 물을 때도 사용합니다.

* ~でしょう & ~だろう

둘 다 자신의 추측, 예상을 표현하는 문형입니다. ~だろう는 ~でしょう의 반말 표현으로서 혼잣말을 할 때, 또는 문장에서 자주 쓰며 일상 대화에서는 주로 남성이 사용합니다.

MEMO

~やすい：~하기 쉽다

무언가를 하기 편하다, 간단히 ~할 수 있다는 주관적인 의견

V ます형 + やすい

この町(まち)は住(す)み**やすい**です。

이 동네는 살기 편해요.

A先生(せんせい)の説明(せつめい)はとても分(わ)かり**やすい**。

A선생님의 설명은 굉장히 이해하기 쉽다.

番号(ばんごう)が覚(おぼ)え**やすくて**いい。

번호가 외우기 쉬워서 좋다.

町 동네　住む 살다　説明 설명　とても 매우　分かる 이해하다　番号 번호　覚える 외우다

~にくい : ~하기 어렵다

무언가를 하기 어렵다, 불편하다는 주관적인 의견

Vます형 + にくい

このスマホは使(つか)い**にくい**。

이 스마트폰은 쓰기 불편하다.

ハンバーガーが大(おお)きくて食べ**にくい**。

햄버거가 커서 먹기 어렵다.

この運動靴(うんどうぐつ)は走(はし)り**にくい**ですね。

이 운동화는 달리기 불편하네요.

スマホ 스마트폰　ハンバーガー 햄버거　運動靴 운동화　走る 달리다

~すぎる : 너무 ~하다

어떤 행동, 상황이 과하다는 주관적인 생각. 주로 부정적 감정을 표현

Vます형/A어간 + すぎる

昨日(きのう)はみんなお酒(さけ)を飲(の)み**すぎた**。

어제는 모두들 술을 너무 많이 마셨다.

あの店(みせ)のケーキは甘(あま)**すぎて**嫌(きら)い。

저 가게 케이크는 너무 달아서 싫어.

今日(きょう)はパソコンを見(み)**すぎて**目(め)が痛(いた)い。

오늘은 컴퓨터를 너무 많이 봐서 눈이 아파.

昨日 어제 お酒 술 飲む 마시다 店 가게 甘い 달다 パソコン 컴퓨터 痛い 아프다

~たり~たりする：~하거나 ~하거나 한다

① 몇 가지의 예를 들어 말할 때　② 몇 가지 행동을 반복할 때

Vた형 + り + Vた형 + りする

しゅうまつ　み　ほん　よ
週末はテレビを見たり本を読んだりする。
주말에는 TV를 보거나 책을 읽거나 한다.

ともだち　いっしょ　わら　な
友達と一緒に笑ったり泣いたりしている。
친구와 같이 웃다가 울다가 하고 있다.

あさ　はん　た
朝ご飯は食べたり食べなかったりします。
아침밥은 먹기도 하고 안 먹기도 하고 해요.

週末 주말　読む 읽다　友達 친구　一緒に 같이　笑う 웃다　泣く 울다　朝ご飯 아침밥

* ~やすい & ~にくい

동사 ます형에 붙여 사용하는 ~やすい는 무언가를 하기 편하다, 하기 쉽다는 자신의 개인적인 느낌, 평가를 표현합니다. 이와 반대되는 것이 ~にくい로서 무언가에 대해 '불편하다', '어렵다'라는 생각을 전달합니다. 객관적인 사실이 아닌 주관적인 의견에 주로 사용합니다.

* ~すぎる & ~たり ~たりする

~すぎる는 주로 자신의 기준에서 '너무 과하다'라는 주관적 생각을 말할 때 사용하지만 과식(食べすぎ), 과음(飲みすぎ) 등 일반 명사처럼 사용되는 단어도 있습니다. ~たり~たりする는 상황에 따라 여러가지 선택지가 있는 경우, 또는 몇 가지를 예로 들어 말할 때 쓰는 문형입니다.

MEMO

~ている：~하고 있다, ~한 상태다

①어떤 동작을 계속하고 있는 모습 ②어떤 상태가 지속되는 상황

Vて형 + いる

妹(いもうと)はずっとテレビを見**ている**。

여동생은 계속 TV를 보고 있다. (동작)

昨日(きのう)は家(いえ)で本(ほん)を読(よ)ん**でいました**。

어제는 집에서 책을 읽고 있었어요. (동작)

友達(ともだち)はほとんど結婚(けっこん)し**ています**。

친구들은 대부분 결혼했어요. (상태의 지속)

妹 여동생　ずっと 계속　本 책　友達 친구　ほとんど 대부분　結婚 결혼

~ていない：~하지 않고 있다, ~하지 않은 상태다

① 어떤 동작을 하지 않고 있는 상황　② ~하지 않은 상태가 지속

Vて형 + いない

だれ　せんせい　はなし　き
誰も先生の話を聞い**ていない**。

아무도 선생님의 이야기를 듣고 있지 않다. (동작)

あさ　なに　た
今日は朝から何も食べ**ていない**。

오늘은 아침부터 아무것도 먹지 않았어. (먹지 않은 상태)

しごと　お
その仕事はまだ終わっ**ていません**。

그 일은 아직 끝나지 않았어요. (끝나지 않은 상태)

誰も 아무도　話 이야기　朝 아침　何も 아무것도　仕事 일, 업무　終わる 끝나다

~てみる：~해 보다

무언가를 시도해 보는 상황을 설명할 때 사용

Vて형 + みる

初めて作ってみたケーキです。

처음 만들어 본 케이크입니다.

入学する学校に行ってみた。

입학할 학교에 가 보았다.

この本おもしろいですよ。読んでみませんか。

이 책 재미있어요. 읽어 보지 않을래요?

初めて 처음　ケーキ 케익　入学 입학　学校 학교　おもしろい 재미있다　読む 읽다

~ておく：~을 해 놓다

무언가를 의도적으로 미리 해 놓은 상황을 표현

Vて형 + おく

誕生日（たんじょうび）のケーキを買（か）っておいた。

생일 케이크를 사 놓았다.

まずピザと飲（の）み物（もの）を頼（たの）んでおいたよ。

우선 피자하고 음료수를 주문해 놓았어.

4時（よじ）にタクシーを呼（よ）んでおきました。

4시에 택시를 불러 놓았습니다.

誕生日 생일　飲み物 음료수　頼む 주문하다, 부탁하다　タクシー 택시　呼ぶ 부르다

* ~ている & ~ていない

한국어에도 '~하고 있다'라는 진행형 표현이 있지만 일본어의 ~ている·~ていない라는 표현은 조금 주의할 필요가 있습니다. 일본어에서 ~ている · ~ていない는 어떤 동작을 하고 있는 중, 하지 않고 있는 중이라는 의미뿐만 아니라 '어떤 상태가 지속되고 있다'라는 의미로도 자주 사용되기 때문입니다.

앞의 예문에 나온 것처럼 결혼의 경우, 한국어에서는 단순히 '결혼했어요'라고 말하지만 일본어에서는 '결혼을 했고 그 결혼한 상태가 지금도 계속 이어지고 있다'라는 의미로서 結婚(けっこん)しています라고 말합니다. 또한 '아직 밥을 못 먹었어'라고 말할 때도 '못 먹은 상태다'라는 의미의 まだ食(た)べていない를 사용합니다.

MEMO

~てよかった：~해서 다행이다, ~하길 잘했다

어떤 일, 또는 어떤 상황이 끝난 후 안심, 만족하는 기분

Vて형/Vない형 + なくて/Aて형/Nで + よかった

授業(じゅぎょう)が早(はや)く終(お)わってよかった。

수업이 일찍 끝나서 다행이다.

彼(かれ)に言(い)わなくてよかった。

그 사람한테 말하지 않길 잘했다.

家族(かぞく)みんな元気(げんき)でよかったですね。

가족 모두 건강해서 다행이네요.

授業 수업　早く 일찍　終わる 끝나다　家族 가족　みんな 모두　元気だ 건강하다

~てもいい：~해도 괜찮다

허가, 허락의 표현. '~하지 않아도 괜찮다'는 ~なくてもいい

Vて형/Vない형 + なくて/Aて형/Nで + もいい

ここにあるものは捨(す)ててもいいです。

여기 있는 것들은 버려도 괜찮아요.

日本語(にほんご)で書(か)かなくてもいいですか。

일본어로 쓰지 않아도 괜찮은가요?

料理(りょうり)は下手(へた)でもいい。私と結婚(けっこん)しよう。

요리는 잘 못해도 돼. 나랑 결혼하자.

捨てる 버리다　料理 요리　下手だ 잘 못한다　結婚 결혼

~てはいけない : ~하면 안된다

금지를 뜻하는 구어체 표현. ~てはならない도 같은 의미

Vて형 + てはいけない

ここにゴミを捨(す)てはいけない。

여기에 쓰레기를 버리면 안된다.

公園(こうえん)でお酒(さけ)を飲(の)んではいけません。

공원에서 술을 마시면 안 됩니다.

犬(いぬ)が入(はい)ってはいけない店(みせ)もあります。

개가 들어가면 안 되는 가게도 있습니다.

ゴミ 쓰레기 捨てる 버리다 公園 공원 犬 개 入る 들어가다(예외1그룹 동사) 店 가게

~なければいけない：~하지 않으면 안된다

꼭 해야 하는 필요성, 의무를 표현. '~なければならない'도 같은 의미

Vない형 + なければいけない

これから日本語(にほんご)の勉強(べんきょう)をしなければいけない。

이제부터 일본어 공부를 하지 않으면 안돼.

今週(こんしゅう)はレポートを出(だ)さなければいけない。

이번주에는 리포트를 내야만 한다.

国民(こくみん)は税金(ぜいきん)を払(はら)わなければならない。

국민은 세금을 내지 않으면 안된다.

勉強 공부　出す 내다(제출하다)　国民 국민　税金 세금　払う 내다(지불하다)

* ~てよかった & ~てもいい

~てよかった는 '이미 한 행동, 일어난 상황'에 대해 다행이다, 잘했다 등 긍정적인 생각을 말합니다. 한편 ~てもいい는 '~해도 괜찮다'로서 앞으로 할 일에 대한 허가, 긍정적 의견을 표현합니다. ~てもいいですか(~해도 괜찮습니까?)의 형태로 상대의 의견을 물을 때도 자주 사용합니다.

* ~てはいけない & ~なければいけない

꼭 해야 하는 일, 또는 하면 안되는 일에 대해 말할 때 쓰는 문형입니다. ~いけない보다 ~ならない가 조금 더 딱딱한 느낌의 표현으로서 회화에서는 ~いけない, 규칙이나 법률에서는 ~ならない를 사용하는 경우가 많습니다.

MEMO

~てしまう : ~하고 말다, ~해 버리다

① 어떤 일을 끝냈거나 상황이 끝난 상태　② 후회의 감정을 표현

Vて형 + しまう

あの高(たか)いカバンを買(か)ってしまった。

그 비싼 가방을 사고 말았다.

嫌(いや)なことは先(さき)にやってしまいます。

싫어하는 일은 먼저 해 버려요.

酒(さけ)を飲(の)んで人(ひと)の前(まえ)で泣(な)いてしまった。

술을 마시고 남 앞에서 울고 말았다.

結局 결국　嫌だ 싫다　先に 먼저　やる 하다　酒 술

~ちゃう : ~하고 말다, ~해 버리다

~てしまう의 축약 표현으로서 가까운 사이에 쓰는 구어체

~てしまう → ちゃう(과거:ちゃった), ~でしまう → じゃう(과거:じゃった)

しごと おお つか
仕事が多くて疲れ**ちゃった**。

일이 많아서 지쳤다.

おとうと の
弟が私のビールを飲ん**じゃった**。

남동생이 내 맥주를 마셔 버렸다.

しゅくだい さき
宿題はいつも先にやっ**ちゃいます**。

숙제는 항상 먼저 해 버려요.

仕事 일, 업무　疲れる 지치다, 피곤하다　飲む 마시다　宿題 숙제　先に 먼저

~に行く・来る：~하러 가다/오다

어딘가에 가거나 오는 '목적'을 말하는 문형

Vます형 + に行く・来る

ちょっとコーヒーを飲みに来ました。
잠깐 커피 마시러 왔어요.

コンビニへお弁当を買いに行った。
편의점에 도시락을 사러 갔다.

入院している先生に会いに行きました。
입원해 있는 선생님을 만나러 갔어요.

お弁当 도시락　友達 친구　映画 영화　入院 입원　先生 선생님

~(た)ことがある・ない：~한 적이 있다/없다

과거의 경험을 표현. 경험이 없는 것은 ~ことが(は)ない

Vた형 + ことがある・ない

1年(いちねん)くらい日本(にほん)に住(す)んだことがある。

1년 정도 일본에 산 적이 있다.

ピアノを習(なら)ったことはない。

피아노를 배운 적은 없다.

歌手(かしゅ)のコンサートに行(い)ったことがありますか。

가수 콘서트에 간 적이 있어요?

~くらい ~정도　住む 살다　習う 배우다　歌手 가수　コンサート 콘서트

* ~てしまう & ~ちゃう

둘 다 '미뤘던 일 또는 망설이던 일을 해 버렸다', '원하지 않은 일이 일어나 버렸다' 등의 의미이며 친한 사이에는 짧게 축약된 ~ちゃう를 자주 사용합니다. ~ちゃう로 바꿀 때는 買ってしまう → 買っちゃう, 飲んでしまう → 飲んじゃう와 같이 ~てしまう는 ~ちゃう로, ~でしまう는 ~じゃう로 변화됩니다.

* ~に行く・来る

어딘가에 가거나 오는 '목적'을 나타내는 표현으로서 '~하러 가다/오다'라고 번역할 수 있습니다. 일본어에서는 동사가 본래의 의미가 아닌 다른 동사의 보조 역할을 할 때 한자가 아닌 히라가나로 표기하는 것이 일반적이지만 ~に行く·来る에서는 본래 의미인 '가다/오다'라는 뜻으로 쓰인 것이기 때문에 한자로 표기합니다.

MEMO

동사 가능형 : ~할 수 있다

어떤 일이 가능하다는 사실을 표현. 앞에는 조사 '~が'를 쓰는 것이 원칙

V가능형 (p.20 참고)

彼女は日本語が**話せますか**。

그녀는 일본어를 말할 수 있나요?

辛いものは**食べられない**。

매운 음식은 못 먹어.

最近は料理が**できる**男が人気だ。

요즘은 요리를 할 줄 아는 남자가 인기다.

話す 말하다　辛い 맵다　最近 최근, 요즘　料理 요리　人気だ 인기다

~ことができる：~하는 것이 가능하다

동사 가능형과 같은 의미. '불가능하다'는 ~ことができない

V사전형 + ことができる・できない

彼(かれ)は漢字(かんじ)を書(か)く**ことができる**。

그는 한자를 쓸 수 있다.

弟(おとうと)はピアノをひく**ことができる**。

남동생은 피아노를 칠 줄 안다.

風邪(かぜ)で会社(かいしゃ)に行く**ことができませんでした**。

감기때문에 회사에 가지 못했습니다.

漢字 한자　ピアノをひく 피아노를 치다　風邪 감기　会社 회사　～で ~로, ~때문에

~よう(동사 의지형) : ~해야지, ~하자

① 무언가를 하려는 생각, 의지를 표현　② 친한 사이에 권유, 제안

V의지형 (p.20 참고)

明日(あした)からダイエット**しよう**。

내일부터 다이어트 해야지.

今回(こんかい)のコンサート、一緒(いっしょ)に**行(い)こう**！

이번 콘서트 같이 가자!

もう７時(しちじ)だね。晩(ばん)ご飯(はん)**食べよう**。

벌써 7시네. 저녁 먹자.

明日 내일 ダイエット 다이어트 今回 이번 一緒に 같이 もう 벌써 晩ご飯 저녁(밥)

~ようと思う（おも）：~하려고 (생각)하다

앞으로의 계획이나 예정을 표현. 주로 개인적인 일정에 사용

V의지형 + と思う

今年（ことし）は日本（にほん）へ行（い）こうと思っています。

올해는 일본에 가려고 생각하고 있어요.

ここには私が買（か）おうと思った服（ふく）がない。

여기에는 내가 사려고 했던 옷이 없다.

明日（あした）パソコンを買（か）いに行こうと思っています。

내일 컴퓨터를 사러 갈 생각이에요.

今年 올해　買う 사다　明日 내일　パソコン 컴퓨터

* 동사 가능형 & ~ことができる

둘 다 '~을 할 수 있다'라는 의미입니다. 2그룹 동사, 3그룹의 来る와 같이 동사의 가능형이 수동형과 형태가 동일해 헷갈릴 수 있는 상황, 또는 가능형으로 바꾸었을 때 과도하게 길어지는 단어 등에 ~ことができる를 사용하기도 합니다. 한편 見る, 聞く의 경우 가능형과 같은 의미의 별도의 단어 見える(보이다), 聞こえる(들리다)도 있습니다.

* 동사 의지형 & ~ようと思う

동사의 의지형은 문장 끝에서 단독으로 쓰이면 '~하자'라는 권유의 표현이 되기도 하고 '~해야지'라는 혼잣말로서 자신의 의지를 스스로 확인하는 표현이 되기도 합니다. 문장 중간에 쓰이면 자신의 계획을 표현하는 '~하려고'라고 번역됩니다.

MEMO

동사 명령형 : ~해, ~해라

강한 명령, 경고의 의미. 때로는 강한 응원의 의미로도 사용

V명령형 (p.20 참고)

うるさい。早(はや)く**寝(ね)ろ**。

시끄러워. 빨리 자.

時間(じかん)がない。早く**しろ**。

시간이 없어. 빨리 해.

頑張(がんば)れ、韓国(かんこく)！

힘내라 한국!

うるさい 시끄럽다　早く 빨리　時間 시간　頑張る 힘내다, 열심히 하다

~な : ~하지 마

무언가를 하지 말라는 명령 또는 강력한 부탁, 충고

V사전형 + な

これ、母(はは)に絶対(ぜったい)言(い)うな。

이거 엄마한테 절대 말하지 마.

これから甘(あま)いものは食(た)べるな。

앞으로 단 것은 먹지 마.

ここでは大(おお)きな声(こえ)を出(だ)すな。

여기에서는 큰 소리를 내지 마.

絶対 절대 これから 앞으로 甘い 달다 もの ~것 ~では ~에서는 声を出す 목소리를 내다

~なさい：~해, ~하세요

자신보다 아랫사람한테 하는 부드러운 명령 또는 권유

Vます형 + なさい

もう8時(はちじ)です。早(はや)く帰(かえ)りなさい。

벌써 8시에요. 빨리 집에 가세요.

友達(ともだち)にちゃんとあやまりなさい。

친구한테 제대로 사과해.

まだ寝(ね)ている？早く起(お)きなさい。

아직 자고 있어? 빨리 일어나.

もう 벌써　ちゃんと 제대로　あやまる 사과하다　まだ 아직　起きる 일어나다

~てください：~해 주세요

무언가를 해달라는 정중한 부탁, 요청

Vて형 + ください (부정 : Vない형 + ないでください)

ここでちょっと待(ま)ってください。

여기서 잠시만 기다려 주세요.

タバコを吸(す)わないでください。

담배를 피우지 말아 주십시오.

こちらに住所(じゅうしょ)を書(か)いてください。

이쪽에 주소를 써 주세요.

ちょっと 잠시, 조금　待つ 기다리다　タバコを吸う 담배를 피우다　住所 주소

*** 명령의 강도, 상대에 따라 구분해서 사용**

누군가에게 명령, 혹은 지시를 내릴 때 사용할 수 있는 표현으로는 동사의 명령형, ~な, なさい가 있습니다. 모두 친구 또는 아랫 사람에게 쓰는 표현입니다. ~なさい는 명령형, ~な보다 부드러운 뉘앙스로 상황에 따라서는 명령보다는 자상한 권유나 조언으로 사용하기도 합니다.

한편 ~てください는 명령보다는 고객 등에게 정중한 '부탁'을 할 때 사용하는 경어입니다. 물론 말투에 따라서는 부탁이 아닌 명령처럼 들릴 수도 있겠지요.

MEMO

동사 수동형 : ~을 받다/당하다, ~해지다

주어가 어떤 행위의 대상이 되는 상황. 앞에는 조사 ~に, から(~에게)

V수동형 (p.21 참고)

かのじょ　あか　あい
彼女は明るくてみんなに**愛される**。

그녀는 밝아서 모두에게 사랑받는다.

でんしゃ　あし　ふ
電車で足を**踏まれました**。

전철에서 발을 밟혔어요.

にほんご　か　ほん　むずか
日本語で**書かれた**本はまだ難しい。

일본어로 쓰여진 책은 아직 어려워.

みんな 모두　愛する 사랑하다　電車 전철　足 발　踏む 밟다　本 책　まだ 아직

동사 사역형 : ~을 시키다, ~하게 하다

다른 사람이 어떤 행동을 하도록 만들거나 지시할 때 사용

V사역형 (p.21 참고)

先生(せんせい)が私に本(ほん)を**読(よ)ませました**。

선생님이 나한테 책을 읽게 했어요.

毎日勉強(まいにちべんきょう)を**させる**母のことが嫌(いや)だった。

매일 공부를 시키는 엄마가 싫었다.

毎朝(まいあさ)、家族(かぞく)に果物(くだもの)を**食(た)べさせている**。

매일 아침 가족들에게 과일을 먹이고 있다.

毎日 매일　勉強 공부　嫌だ 싫다　毎朝 매일 아침　家族 가족　果物 과일

동사 사역수동형 : (억지로) ~하게 되다

타인에게 억지로 무언가를 시킨 상황을 당한 입장에서 설명

V사역수동형 (p.21 참고)

いっか げつかん　かいしゃ　やす
一か月間、会社を**休ませられた**。

한 달간 회사를 쉬게 되었다. (원치 않았지만)

しょうがくせい　とき　よる く じ　ね
小学生の時は夜９時に**寝させられた**。

초등학교 때는 밤 9시에 자도록 했다. (자기 싫었는데)

ひと　まえ　うた　は
人の前で**歌わされて**恥ずかしかった。

사람들 앞에서 노래를 부르게 해서 창피했다.

~間 ~간(동안)　休む 쉬다　小学生 초등학생　時 ~때　夜 밤　前 앞　歌う 노래하다

~させてください：~하게 해 주세요

'~하도록 시켜 주십시오', 즉 '~하게 해 주십시오'라는 정중한 부탁

V사역형의 て형 + ください

ちょっと座(すわ)らせてください。

잠시 앉게 해 주세요.

明日(あした)は私を行(い)かせてください。

내일은 저를 보내 주십시오.

今回(こんかい)の発表(はっぴょう)は私にさせてください。

이번 발표는 저에게 시켜 주세요.

ちょっと 잠시　座る 앉다　今回 이번　発表 발표

* 한국어에는 없는 수동형

수동형은 '~를 당하다', '~히다'로 번역하기도 하지만 한국어로 그대로 바꾸기 곤란한 경우도 많습니다. 예를 들어 동생이 내 케이크를 먹어 버렸을 때 한국어에서는 '동생이 내 케이크를 마음대로 먹어 버려서 화가 났다'라고 길게 설명해야 합니다. 하지만 일본어에서는 수동형 자체에 부정적 감정이 포함되기 때문에 '妹にケーキを食べられた'라고만 해도 동생이 마음대로 먹었고 기분이 나쁘다는 감정을 모두 표현할 수 있습니다.

* 사역수동형

동사를 사역형으로 바꾼 후 이것을 다시 수동형으로 바꾼 형태입니다. 직역하면 '남이 나에게 시키는 것을 당하다'로서 한국어로는 '~가 시켜서 억지로 ~했다'라고 말해야 자연스럽습니다.

MEMO

お~になる : ~하시다

윗사람의 행동을 정중하게 표현하는 경어

お + Vます형 + になる

いつから**お休(やす)みになりますか**。

언제부터 쉬시나요?

社長(しゃちょう)は**お帰(かえ)りになりました**。

사장님은 귀가하셨습니다.

この本(ほん)、**お読(よ)みになりましたか**。

이 책 읽으셨습니까?

休む 쉬다　社長 사장　帰る 귀가하다, 돌아가다　読む 읽다

お~ください : ~해 주십시오

매우 정중하게 무언가를 부탁, 제안하는 표현

お + Vます형/N + ください (한자로 된 명사 앞에는 お가 아닌 ご)

しょうしょう　ま
少々お待ちください。

잠시 기다려 주십시오.

れんらく
いつでもご連絡ください。

언제라도 연락 주십시오.

はい
ゆっくりお入りください。

천천히 들어가 주십시오.

少々 잠시 待つ 기다리다 いつでも 언제라도 連絡 연락 ゆっくり 천천히 入る 들어가다

お~です：~하고 계십니다

~ている를 정중하게 표현하는 경어

お + V ます형 + です

パスポートはお持(も)ちですか。

여권은 갖고 계신가요?

社長(しゃちょう)、お客様(きゃくさま)がお待(ま)ちです。

사장님, 손님이 기다리고 계십니다.

鈴木(すずき)さん、部長(ぶちょう)がお呼(よ)びです。

스즈키씨, 부장님이 부르십니다.

パスポート 여권　持つ 소지하다, 보유하다　お客様 손님, 고객　呼ぶ 부르다

お~する：~하겠습니다

자신의 행동을 낮춰서 표현할 때 쓰는 겸양어

お + Vます형 + する

これからよろしくお願(ねが)いします。

앞으로 잘 부탁드립니다.

資料(しりょう)は私がお持(も)ちします。

자료는 제가 들겠습니다.

お借(か)りした本(ほん)、明日お返(かえ)しします。

빌렸던 책, 내일 돌려드리겠습니다.

これから 앞으로　願う 부탁하다　資料 자료　借りる 빌리다　返す 돌려주다

* 한국어와 경어를 사용하는 범위가 다른 일본어

한국에서는 경어, 겸양어를 사용할지 말지 결정할 때 상대와 나, 1 대 1의 관계만을 고려합니다. 하지만 일본어에서는 내가 소속된 조직(가족, 회사 등)도 '나'로 간주합니다. 따라서 외부 사람에게 자기 회사 사람 이야기를 할 때는 존칭을 붙이지 않습니다.

예를 들어 자기 회사의 사장 이름이 スズキ일 경우, 회사 내에서는 スズキ社長(しゃちょう) 또는 スズキさん이라고 말하지만 외부 사람에게 사장님을 소개할 때는 존칭인 ~さん을 붙이지 않고 こちらが社長のスズキです(이쪽이 사장인 스즈키입니다)라고만 말합니다. 외부 사람에게는 자신이 속한 조직, 조직원도 낮춰서 말하는 것이 기본적인 예의이기 때문입니다.

MEMO

Chapter1 **Review**

1. **~ましょう** : ~합시다, ~하죠

今日は一杯(いっぱい)飲(の)みましょう。

---

2. **~ませんか** : 하지 않겠습니까?

一緒(いっしょ)に映画(えいが)でも見(み)ませんか。

---

3. **でしょう** : ~하겠지요, ~이겠죠

午後(ごご)は晴(は)れるでしょう。

---

4. **~だろう** : ~할 것이다, ~이겠지

あの二人(ふたり)が結婚(けっこん)？ウソだろう。

---

5. **~やすい** : ~하기 쉽다

この町(まち)は住(す)みやすいです。

---

6. **~にくい** : ~하기 어렵다

このスマホは使(つか)いにくい。

---

7. **~すぎる** : 너무 ~하다

今日(きょう)はパソコンを見(み)すぎて目(め)が痛(いた)い。

---

8. **~たり~たりする** : ~하거나 ~하거나 한다

週末(しゅうまつ)はテレビを見(み)たり本(ほん)を読(よ)んだりする。

---

9. **~ている** : ~하고 있다, ~한 상태다

友達(ともだち)はほとんど結婚(けっこん)しています。

---

10. **~ていない** : ~하지 않고 있다, ~하지 않은 상태다

今日は朝(あさ)から何(なに)も食(た)べていない。

11. **~てみる** : ~해 보다

初(はじ)めて作(つく)ってみたケーキです。

12. **~ておく** : ~을 해 놓다

誕生日(たんじょうび)のケーキを買(か)っておいた。

13. **~てよかった** : ~해서 다행이다, ~하길 잘했다

彼(かれ)に言(い)わなくてよかった。

14. **~てもいい** : ~해도 괜찮다

ここにあるものは捨(す)ててもいいです。

15. **~てはいけない** : ~하면 안된다

ここにゴミを捨(す)ててはいけない。

---

16. **~なければいけない** : ~하지 않으면 안된다

これから日本語(にほんご)の勉強(べんきょう)をしなければいけない。

---

17. **~てしまう** : ~하고 말다, ~해 버리다

あの高(たか)いカバンを買(か)ってしまった。

---

18. **~ちゃう** : ~하고 말다, ~해 버리다

仕事(しごと)が多(おお)くて疲(つか)れちゃった。

---

19. **~に行(い)く・来(く)る** : ~하러 가다/오다

コンビニへお弁当(べんとう)を買(か)いに行(い)った。

---

20. **~(た)ことがある・ない** : ~한 적이 있다/없다

1年(いちねん)くらい日本(にほん)に住(す)んだことがある。

21. **동사 가능형** : ~할 수 있다

彼女(かのじょ)は日本語(にほんご)が話(はな)せますか。

22. **~ことができる** : ~하는 것이 가능하다

風邪(かぜ)で会社(かいしゃ)に行くことができませんでした。

23. **~よう(동사 의지형)** : ~해야지, ~하자

明日(あした)からダイエットしよう。

24. **~ようと思(おも)う** : ~하려고 (생각)하다

今年(ことし)は日本(にほん)へ行(い)こうと思っています。

25. **동사 명령형** : ~해, ~해라

うるさい。早(はや)く寝(ね)ろ。

26. **~な** : ~하지 마

ここでは大(おお)きな声(こえ)を出(だ)すな。

27. **~なさい** : ~해, ~하세요

もう8時(はちじ)です。早(はや)く帰(かえ)りなさい。

28. **~てください** : ~해 주세요

ここでちょっと待(ま)ってください。

29. **동사 수동형** : ~을 받다/당하다, ~해지다

電車(でんしゃ)で足(あし)を踏(ふ)まれました。

30. **동사 사역형** : ~을 시키다, ~하게 하다

先生が私に本を読ませました。

31. **동사 사역수동형** : (억지로) ~하게 되다

人の前で歌わされて恥ずかしかった。

32. **~させてください** : ~하게 해 주세요

ちょっと座らせてください。

33. **お~になる** : ~하시다

社長はお帰りになりました。

34. **お~ください** : ~해 주십시오

いつでもご連絡ください。

35. **お~です** : ~하고 계십니다

パスポートはお持ちですか。

---

36. **お~する** : ~하겠습니다

お借りした本、明日お返しします。

일본 사람들은 몇 시까지 'おはよう'라고 할까?

한국에서는 사람을 만나면 장소, 시간과 상관없이 항상 "안녕하세요"라고 인사를 합니다. 이와 달리 일본은 시간대에 따라 인사말이 나뉘어 있지요. 오전에는 おはよう, 낮에는 こんにちは, 저녁에는 こんばんは.

하지만 막상 일본에서 생활해 보면 이 같은 기본 인사말이 은근히 어렵게 느껴집니다.

오전 11시 반쯤 만나면 아직 12시가 안 됐으니까 おはよう인가?

오후 6시에 사람을 만나면 こんにちは? こんばんは?

일본에서도 의견이 분분하지만 기본적인 시간 기준은 오전 11시와 오후 5시라는 주장이 있습니다. 일본은 한국과 경도가 다른 데도 시각은 동일하게 쓰고 있어 도쿄의 경우 서울보다 1시간 정도 해가 빨리 뜨고 빨리 집니다. 그래서인지 기준 시간도 조금 빠른 듯하네요.

おはようございます, 회사에서는 아침 첫 인사로만

하지만 이러한 시간 기준은 원칙적인 이야기일 뿐 실제 생활에서의 쓰임은 조금 다릅니다.

일상 생활에서는 보통 11시에서 12시 사이에 사람을 만났을 때 일본인들도 경우에 따라, 또는 기분, 상대에 따라 おはおう와 こんにちは를 섞어 쓰곤 합니다.

회사에서는 おはようございます를 아침 첫 인사로만 사용합니다. 출근하자 마자 동료에게, 혹은 거래처에 출근하자 마자 전화를 했을 때는 おはようございます를 쓰지만, 오전 10시만 넘어도 おはようございます가 아니라 업무에서의 기본 인사인 お世話になっております(외부 사람에게), お疲れ様です(회사 내부에서)를 씁니다.

또한 업무상의 관계에서는 こんにちは, こんばんは라는 인사말은 쓰지 않기 때문에 몇 시가 되었든 퇴근하기 전까지 거래처에 전화를 하거나 메일을 쓸 때 첫 인사로는 お世話になっております, 회사 내에서 사람들과 마주치거나 메신저로 말을 걸 때는 お疲れ様です를 씁니다.

회사 밖에서 こんにちは를 쓰는 경우에도, 시간을 따지기 보다는 '한창 활동하고 있는 시간내'에 사용합니다. 때론, 저녁 시간에 택배를 갖고 온 배달원은 저녁 8시인데도 こんにちは라고 인사를 합니다. 그 분은 여전히 한창 일하는 시간이니 그런 것이겠지요.

저녁에 출근했을 때, 오후까지 늦잠을 잤을 때는?

일반적인 회사는 아침에 출근을 하기 때문에 첫 인사로 おはようございます를 쓰는 것이 이상해 보이지 않습니다. 그렇다면 오후, 혹은 저녁 때 출근하는 회사에서는 어떻게 할까요?

그리고 가족 간에도 아침에 일어나면 おはよう라고 인사를 하는데 만약 실컷 늦잠을 자고 해가 중천에 뜬 시간에 일어났을 때는?

위의 두 경우 모두 시간은 오후, 저녁이라도 おはようございます, おはよう를 씁니다.

おはよう는 단순한 아침 인사라기 보다는 '그 날 처음 마주했을 때의 인사'이기 때문이지요. おはよう에는 하루 밤을 무사히 보내고 다시 서로 얼굴을 마주하게 되어서 다행이라는 의미가 담겨 있다는 점을 기억해 두면 좋을 듯합니다.

Chapter 2.

비슷한 표현들 비교하며 이해하기

くれる・もらう・あげる : 주다, 받다

누군가에게 무언가 '주는' 것을 상황에 따라 다른 동사로 표현

くれる : (남 → 나) 주다, もらう : 받다, あげる : (나 → 남, 남 → 남) 주다

昨日あなたが**くれた**お菓子(かし)おいしかったよ。

어제 네가 (나한테) 준 과자 맛있었어.

知(し)らない人(ひと)からメールを**もらいました**。

모르는 사람한테 메일을 받았어요.

おばあさんは弟(おとうと)によく小遣(こづか)いを**あげる**。

할머니는 남동생에게 자주 용돈을 준다.

お菓子 과자　知る 알다　メール 메일　よく 자주, 잘　小遣い 용돈

~てくれる : (남이 나에게) ~해 주다

다른 사람이 나에게 무언가를 해 주는 것

Vて형 + くれる

友達(ともだち)がおいしい店(みせ)を**教(おし)えてくれた**。

친구가 맛있는 가게를 가르쳐 주었다.

いつも**ほめてくれる**父(ちち)のことが好(す)きだった。

항상 칭찬해 주는 아버지가 좋았다.

メールに返事(へんじ)を**してくれない**。

메일에 답장을 해 주지 않는다.

おいしい 맛있다　教える 가르치다　いつも 항상　ほめる 칭찬하다　返事 답장

~てもらう : ~해 주는 것을 받다 (~가 나에게 ~을 해주다)

남이 무언가 해 준 것을 받은 입장에서 설명. 고마움을 표현

Vて형 + もらう

姉(あね)にカバンを買(か)ってもらった。

언니한테 가방을 사주는 것을 받았다(=언니가 가방을 사주었다).

親(おや)にお金(かね)を送(おく)ってもらいました。

부모님에게 돈을 보내줌을 받았습니다(=부모님이 돈을 보내주었습니다).

彼に教(おし)えてもらった公園(こうえん)に行(い)ってみた。

그에게 알려줌을 받은(=그가 알려 준) 공원에 가 보았다.

姉 언니　親 부모님　送る 보내다　教える 알려주다, 가르치다　公園 공원

~てあげる：(내가 남에게, 남이 남에게) ~해 주다

① 내가 남에게 ~해 주다　② 타인 A가 타인 B에게 ~해 주다

Vて형 + あげる

パソコン、私が直(なお)し**てあげるよ**。

컴퓨터 내가 고쳐 줄게.

Aさんは Bによくノートを**見(み)せてあげた**。

A는 B에게 자주 노트를 보여 주었다.

友達(ともだち)を空港(くうこう)まで送(おく)っ**てあげました**。

친구를 공항까지 바래다 주었어요.

パソコン 컴퓨터　直す 고치다　空港 공항　送る 배웅하다, 보내다

* くれる & あげる

동사에 '방향성'이 포함되어 있어 실수하기 쉬운 표현입니다. 한국어로는 모두 '주다'이지만 일본어의 경우 남이 내게 줄 때는 くれる, 내가 남에게 또는 남이 또 다른 남에게 줄 때는 あげる를 사용합니다. 단, あげる는 친구, 아랫사람에게 쓰는 표현으로서 윗사람에게 무언가를 줄 때는 あげる 대신 渡す(건네다), 伝える(전달하다) 등 다른 동사를 사용합니다.

* もらう

'받다'라는 의미인 もらう에는 고마움의 마음이 포함되어 있습니다. 예를 들어 母が本を買ってくれた라고 하면 단순히 '엄마가 나한테 사주었다'이지만 母に本を買ってもらった라고 하면 고마움, 혹은 받아서 미안한 마음도 함께 표현됩니다.

MEMO

~ようだ : ~인 듯하다, ~와 같다

① 추측 '~인 것 같다' ② 비유 '~와 같다(비슷하다)' ③ 예시 '~처럼'

V·イA 보통형/ナA·N 명사수식형 + ようだ (ような : ~인 듯한, ように : ~처럼)

Bさんは飲(の)み会(かい)に行かないようだ。

B는 회식에 안 갈 것 같아. (추측)

まるで夢(ゆめ)のようなことができた。

마치 꿈과 같은 일이 생겼다. (비유)

彼は俳優(はいゆう)のように背(せ)が高(たか)くて恰好(かっこう)いい。

그는 배우처럼 키가 크고 멋있다. (예시)

飲み会 회식, 술자리 まるで 마치 夢 꿈 できる 생기다 俳優 배우 背 키 格好いい 멋있다

~そうだ : ~해 보이다, ~일 것 같다

지금 눈 앞에 보이는 것, 혹은 자신도 해볼 수 있는 것에 대한 추측

Vます형/A어간 + そうだ(そうな : ~일 듯한, そうに : ~인 듯이)

このオムライスとケーキ、おいしそうだ。

이 오무라이스와 케이크 맛있어 보인다.

今日は雨(あめ)が降(ふ)りそうな空(そら)ですね。

오늘은 비가 내릴 것 같은 하늘이네요.

子供(こども)たちが楽(たの)しそうに話(はな)していた。

아이들이 즐거운 듯이 이야기하고 있었다.

おいしい 맛있다 降る (눈/비 등이) 내리다 空 하늘 ~たち ~들 楽しい 즐겁다 話す 이야기하다

~らしい : ~인 것 같다, ~라는 것 같다

① 근거가 있는 추측　② 불확실한 정보의 전달　③ 명사 + らしい '~답다'

V·N·A 보통형 + らしい (단, 현재 긍정에서 ナA, N 뒤의 だ는 생략)

ゆき　でんしゃ　と
雪で電車が止まったらしいです。

눈 때문에 전철이 멈췄다는 것 같아요. (불확실한 정보의 전달)

ぶちょう　わる　びょういん　い
部長どこか悪いらしい。また病院に行った。

부장님 어딘가 안 좋은 것 같아. 또 병원에 갔어. (근거가 있는 추측)

さいきん　こども　おお
最近は子供らしくない子供が多い。

요즘은 아이답지 않은 아이가 많다.(~답다)

電車 전철　止まる 멈추다　部長 부장(님)　病院 병원　雪 눈　最近 최근, 요즘

~みたい：~인 듯하다, ~라는 것 같다

ようだ, らしい의 구어체 표현이지만 ナA, N 현재 긍정형과의 접속 형태가 다름

V·A·N 보통형 + みたい (단, 현재 긍정에서 ナA, N 뒤의 だ는 생략)

今日のパーティーには来(こ)ないみたい。

오늘 파티에는 안 온다는 것 같다.

昨日は風邪(かぜ)で大変(たいへん)だったみたい。

어제는 감기 때문에 힘들었나 봐.

その服(ふく)はおじさんみたいな感(かん)じじゃない？

그 옷은 아저씨 같은 느낌 아니야?

パーティー 파티　風邪 감기　大変だ 힘들다　服 옷　感じ 느낌

* ようだ & そうだ & らしい & みたい

모두 주관적인 '추측'을 말하는 표현이지만 상황에 따라 구분해서 사용합니다. 우선 ~そうだ는 한국어의 '~해 보인다'에 해당합니다. "맛있어 보인다", "엄청 힘들어 보인다"와 같이 눈앞에 보이는 상황, 혹은 직접 보는 것처럼 상상이 되는 상황에 주로 사용합니다.

~ようだ와 ~らしい는 주변 상황, 타인의 말 등 어떤 근거에 기반한 주관적인 추측으로서 '~인 것 같다'에 해당합니다. ~ようだ는 문장 중간에서 ~ような(~같은), ~ように(~처럼)로도 사용할 수 있습니다. 구어체 표현인 ~みたい는 ~ようだ와 달리 な형용사, 명사 현재형과 접속할 때 な, の를 쓰지 않는다는 점, '~답다'라는 의미의 らしい를 대신해서는 쓰지 않는다는 점을 기억해 두세요.

MEMO

~と : ~하면

① 변함 없는 사실, 규칙　② 항상 반복되는 습관, 상황

V·A·N 보통형 + と

右(みぎ)に**行くと**公園(こうえん)があります。

오른쪽으로 가면 공원이 있습니다.

勉強(べんきょう)を**しないと**合格(ごうかく)はできない。

공부하지 않으면 합격은 불가능하다.

車(くるま)**だと**東京(とうきょう)から大阪(おおさか)まで７時間(じかん)はかかる。

자동차로 가면 도쿄에서 오사카까지 7시간은 걸려.

公園 공원　合格 합격　車 자동차　かかる 걸리다

~たら : ~하면, ~했더니

① 뒤에 나오는 내용의 전제 조건　② ~たら~た(과거형) '~했더니 ~였다'

V·A·N 과거형 + ら (부정 : ~なかったら)

駅(えき)に着(つ)いたらメールします。

역에 도착하면 메일 할게요.

暑(あつ)くなかったらエアコン消(け)して。

덥지 않으면 에어컨 꺼.

家(いえ)に帰(かえ)ったら誰(だれ)もいなかった。

집에 돌아왔더니 아무도 없었다.

駅 역　着く 도착하다　暑い 덥다　エアコン 에어컨　消す 끄다　誰も 아무도

~ば : ~하면

① 일반적인 가정, 조건　② ~ばよかった : ~하면 좋았을걸(후회)

③ ~ばいい : ~하면 된다

V : 끝의 う단 → え단+ば, イA : い → ければ (부정 : ~なければ)

誰(だれ)でも練習(れんしゅう)**すれば**できる。

누구나 연습하면 할 수 있다.

あの映画(えいが)は**見なければ**よかった。

그 영화는 보지 않았으면 좋았을 텐데. (=보지 말 걸 그랬다)

知(し)らないことがある時(とき)は**聞(き)けば**いい。

모르는 것이 있을 때는 물어보면 된다.

誰でも 누구나　練習 연습　映画 영화　知る 알다　~時 ~때　聞く 묻다

~なら：~할 것이라면, ~에 대해서는

① 상황을 가정해서 조언, 요청, 제안 등을 할 때 ② 이야기의 주제를 제시

V사전형/イAい/ナA어간/N + なら (부정：~ないなら)

韓国(かんこく)に**行くなら**いいところを紹介(しょうかい)します。

한국에 갈 거면 좋은 곳을 소개할게요.

あなたが**使(つか)わないなら**私が使う。

네가 안 쓸거면 내가 쓸게.

野球(やきゅう)ならAさんに聞(き)いてみて。とても詳(くわ)しい。

야구에 대해서라면 A에게 물어봐. 굉장히 잘 알아.

韓国 한국　紹介 소개　野球 야구　とても 굉장히　詳しい 잘 알다, 정통하다

* ~と & ~たら & ~なら

~と는 '~하면 항상 ~한다'와 같이 변함없이 반복되는 습관이나 일상, 혹은 변하지 않는 규칙 등에 사용합니다. 한편 ~たら는 '만약 ~한다면 그 다음에', ~なら는 '~할 것이라면 그 이전에'라고 기억해 두면 좋습니다. 예를 들어 **韓国(かんこく)に来(き)たら連絡(れんらく)して**는 '한국에 오면 (도착한 후에) 연락해', **韓国に来(く)るなら連絡して**는 '한국에 올 것이라면 (오기 전에) 연락해'라는 의미가 됩니다.

* ~ば & ~たら

한국어로는 둘 다 '~하면'이지만 ~たら는 뒤에 나오는 내용의 조건을 말할 때, ~ば는 속담처럼 일반적인 상식을 이야기할 때나 선택지가 두 가지밖에 없을 때 주로 사용합니다. 또한 ~たら는 ~ば보다 일어날 확률이 더 높은 상황에 적합합니다. 예를 들어 **来れば**는 올 지 안 올지 불확실한 상황, **来たら**는 올 가능성이 매우 높은 상황이라 할 수 있습니다.

MEMO

~ほしい：~를 갖고 싶다, 원한다

본인이 원하는 것, 바라는 일을 표현. 앞에는 조사 が를 사용

N + が + ほしい (부정 : ~ほしくない)

私も新(あたら)しい自転車(じてんしゃ)が**ほしい**。

나도 새 자전거를 갖고 싶어.

もっと長(なが)い休(やす)みが**ほしい**。

좀 더 긴 휴가를 원한다.

「子供(こども)は**ほしくない**」と言(い)う人(ひと)も多(おお)い。

"아이는 원하지 않는다"라고 말하는 사람도 많다.

新しい 새로운　自転車 자전거　もっと 더　休み 휴가, 휴식　~と ~라고

~てほしい : ~해주면 좋겠다, ~하길 바라다

상대방이 자신에게 해 주길 바라는 일, 원하는 상황을 표현

Vて형 + ほしい (부정 : Vない형 + ないでほしい)

あなたが一緒(いっしょ)に**いてほしい**。
네가 같이 있어 주면 좋겠어.

明日(あした)は晴(は)**れてほしいですね**。
내일은 날이 개이면 좋겠네요.

日本(にほん)に帰(かえ)っても**忘(わす)れないでほしい**。
일본에 돌아가도 잊지 않길 바래.

いる 있다　晴れる 날이 개다, 맑다　帰る 돌아가다　~ても ~해도　忘れる 잊다

~たい : ~하고 싶다

내가 하고 싶은 일, 원하는 일을 표현할 때 사용

Vます형 + たい (부정 : ~たくない)

早く旅行に行きたい！

빨리 여행 가고 싶다!

先生、本当に会いたかったです。

선생님, 정말 만나고 싶었어요.

あの車は高すぎて買いたくなかった。

그 차는 너무 비싸서 사고 싶지 않았다.

早く 빨리　旅行 여행　本当に 정말로　会う 만나다　車 자동차　買う 사다

~たがる : ~하고 싶어하다

다른 사람이 무언가 하고 싶어하는 모습을 제3자 입장에서 표현

Vます형 + たがる (부정 : ~たがらない)

いぬ　まいにち そと

犬は毎日外に**出たがる**。

개는 매일 밖에 나가고 싶어한다.

むすこ　がっこう　や

息子が学校を**辞めたがっています**。

아들이 학교를 그만두고 싶어해요.

だれ　はな

彼は誰とも**話したがらなかった**。

그는 누구와도 이야기하고 싶어하지 않았다.

犬 개　出る 나가다　息子 아들　辞める 그만두다　誰とも 누구와도　話す 이야기하다

* 행동을 하는 사람이 '나'인가 '타인'인가

네 가지 모두 바라는 것, 희망하는 것을 표현하는 문형입니다. 차이점은 ~ほしい, ~てほしい, ~たい는 그것을 바라는 사람이 '나'인 반면 ~たがる는 내가 아닌 '남'이 무언가를 원하고 있는 모습을 설명한다는 점입니다. 예를 들어 寝(ね)たい는 내가 자고 싶다는 뜻이지만 寝たがる는 '자고 싶어 한다'로서 내가 아닌 다른 사람이 자고 싶어 하는 모습을 전달할 때 사용합니다.

한편 ~てほしい는 '~해 주길 바라다'라는 의미로, 바라는 주체는 '나'이지만 실제로 그 행동을 하는 것은 '상대방'입니다. カバンを買(か)ってほしい라고 하면 가방을 '사는 사람'은 상대방, 그것을 원하는 사람은 '나'입니다. 원하는 사람과 행동을 하는 사람이 다르다는 점을 기억하세요.

MEMO

~だけ : ~만, ~뿐

어떤 것 한 종류만 있다는 '한정'의 의미. 범위를 표현하기도 함

N + だけ

私だけが知(し)っていることが多い。

나만이 알고 있는 것이 많다.

千円(せんえん)で買(か)えるものはこれだけだ。

천엔으로 살 수 있는 것은 이것뿐이다.

ミスしたことだけ言う上司(じょうし)は嫌(きら)いだ。

실수한 것만 말하는 상사는 싫다.

~こと ~것(사실, 행동)　~もの ~것(물건)　ミスする 실수하다　上司 상사

~のみ : ~만, ~뿐

だけ와 의미는 같지만 딱딱한 표현으로서 주로 문어체로 사용

N + のみ

セールは三日間(みっかかん)のみです。

세일은 3일간뿐입니다.

仕事(しごと)の目的(もくてき)はお金(かね)のみではない。

일의 목적은 돈 뿐만이 아니다.

予約(よやく)した方(かた)のみ入場可(にゅうじょうか)。

예약한 분만 입장 가능.

セール 세일　三日間 3일간　仕事 일　目的 목적　予約 예약　~方 ~분　入場 입장

~ばかり：(거의) ~만

그것이 차지하는 비율이 높다는 의미. 대부분 부정적 감정이 포함

N + ばかり

今週(こんしゅう)は野菜(やさい)**ばかり**食(た)べている。

이번 주에는 거의 야채만 먹고 있어.

高校(こうこう)の時(とき)はゲーム**ばかり**していた。

고등학교 때는 거의 게임만 했다.

インスタではきれいな写真(しゃしん)**ばかり**見(み)せる。

인스타그램에서는 예쁜 사진만 보여준다.

野菜 야채　高校 고등학교　インスタ 인스타그램　写真 사진　見せる 보여주다

~しか~ない : ~밖에 없다, ~밖에 하지 않다

부정문을 써서 '~만 있다', '~만 한다'라는 것을 강조

N + しかない / N + しか ~Vない형 + ない

使(つか)えるものはこれしかない。

쓸 수 있는 것은 이것밖에 없다.

私には彼しか見(み)えなかった。

나한테는 그 사람밖에 보이지 않았다.

昨日(きのう)は3時間(さんじかん)しか寝(ね)られませんでした。

어제는 3시간밖에 못 잤어요.

使う 사용하다, 쓰다 ~もの ~것 見える 보이다 寝る 자다

* だけ, のみ는 '~뿐', ばかり는 '~의 비율이 매우 높은'

だけ, のみ는 모두 '~만', '~뿐'으로 해석되지만 のみ는 정중하고 딱딱한 표현으로서 주로 문어체 사용합니다. 또한 だけ, のみ는 정말 그것밖에 없다는 뜻인 반면 ばかり는 그것이 차지하는 비율이 매우 높다는 의미입니다. 예를 들어 男だけのクラス는 오직 남자만 있는 학급, 男ばかりのクラス는 여자가 있기는 해도 '대부분이' 남자인 학급을 말합니다.

* 불만, 비난의 감정이 포함된 ばかり

ばかり에는 말하는 사람의 '너무 과하다'라는 생각이 포함되어 있습니다. 따라서 상대방에 대한 불만이나 비난의 감정을 표현할 때 주로 사용합니다. 예를 들어 テレビばかり見ている(TV만 보고 있다)라고 말하면 TV를 너무 오래 보아서 불만이라는 것으로서 비난의 뉘앙스가 전달됩니다.

MEMO

~けど : ~이지만, ~인데

뒤에는 기대, 예상과 다른 내용. 정중하게 말할 때는 けれど, けれども

V·A·N의 보통형/정중형 + けど

いま　げんき　　きょねん　たいへん
今は元気だ**けど**去年は大変だった。

지금은 건강하지만 작년에는 힘들었다.

じょう　さむ　　　　　たの
スキー場は寒かった**けど**とても楽しかった。

스키장은 추웠지만 굉장히 즐거웠다.

おく　　　　　　へんじ
メールを送りました**けれども**返事がありません。

메일을 보냈습니다만 답장이 없습니다.

元気だ 건강하다　去年 작년　大変だ 힘들다　スキー場 스키장　寒い 춥다　返事 답장

~が : ~이지만, ~인데

① ~けど의 정중한 표현, 문어체 ② 이야기를 시작하기 위한 '~입니다만'

V·A·N의 보통형/정중형 + が

新幹線(しんかんせん)は高(たか)いですが早(はや)くて楽(らく)です。

신칸센은 비싸지만 빨라서 편합니다.

何回(なんかい)も電話(でんわ)しましたが出(で)ませんでした。

몇 번이나 전화했지만 받지 않았습니다.

営業(えいぎょう)チームの田中(たなか)ですが、スズキさんいますか。

영업팀의 다나카입니다만, 스즈키씨 있나요?

楽だ 편하다　何回 몇 번　電話に出る 전화를 받다　営業 영업

~ても : ~해도, ~라도

만약의 상황을 가정해 충고할 때 자주 사용. 주로 주관적인 내용

Vて형/Aて형/Nで + も

これから行ってももう遅(おそ)いよ。

지금부터 가도 이미 늦었어.

父(ちち)はいくら暑(あつ)くてもエアコンをつけない。

아버지는 아무리 더워도 에어컨을 켜지 않는다.

大変(たいへん)でも宿題(しゅくだい)はちゃんとしなさい。

힘들어도 숙제는 제대로 해.

もう 이미　いくら 아무리　エアコンをつける 에어컨을 켜다　宿題 숙제

~のに : ~인데

주로 이미 일어난 일, 객관적 사실을 설명. 실망, 불만 등의 감정을 강조

V·イA보통형/ナA·N명사수식형 + のに(단, 명사 현재 긍정은 N+なのに)

3時間(じかん)も待(ま)った**のに**結局(けっきょく)来なかった。

3시간이나 기다렸는데 결국 오지 않았다.

親(おや)は背(せ)が高(たか)い**のに**私はこんなに低(ひく)い。

부모님은 키가 큰 데 나는 이렇게 작아.

とてもきれいな都市(とし)**なのに**人気(にんき)がない。

굉장히 예쁜 도시인데 인기가 없다.

結局 결국　背が高い·低い 키가 크다/작다　こんなに 이렇게　都市 도시　人気 인기

* ~けど & が

둘 다 역접을 의미하는 '~이지만', '~인데'에 해당하는 표현입니다. 뒤에는 앞의 내용을 보고 기대, 예상한 것과 다른 내용이 나옵니다. 회화에서는 주로 けど를, 정중하게 말할 때는 ~けれども,~が를 사용합니다. 단, ~が는 'こちらはAという会社ですが(여기는 A라는 회사입니다만)'와 같이 역접의 의미가 아닌 대화를 시작하기 위한 표현으로도 사용합니다.

* ~のに & ~ても

둘 다 기대, 예상과 다른 결과가 나온 경우에 사용합니다. 단, ~ても는 これから行っても遅いよ(지금 가도 늦어)와 같이 아직 일어나지 않은 일을 가정할 때도 사용하는 반면 ~のに는 이미 일어난 일에 주로 사용합니다. ~のに에는 불만, 실망 등 부정적 감정이 포함되는 경우가 많습니다.

MEMO

~ように : ~하도록

추구하는 방향을 설명. 원하는 결과를 위해 노력한다는 내용에 주로 사용

V사전형 + ように (부정 : Vない형 + ないように)

合格(ごうかく)できるように頑張(がんば)ります。

합격할 수 있도록 열심히 하겠습니다.

外(そと)がよく見(み)えるように大(おお)きな窓(まど)を作(つく)った。

밖이 잘 보이도록 큰 창문을 만들었다.

風邪(かぜ)を引(ひ)かないように気(き)をつけている。

감기에 걸리지 않도록 조심하고 있다.

合格 합격 見える 보이다 窓 창문 風邪を引く 감기에 걸리다 気をつける 조심하다

~ために : ~를 위해서

① 명확한 목적을 설명　② '~의 이익을 위하여'라는 의미

V사전형/Nの + ために

留学(りゅうがく)のために日本語(にほんご)を勉強(べんきょう)しています。

유학을 위해서 일본어를 공부하고 있습니다.

旅行(りょこう)に行(い)くためにバイトをしている。

여행을 가기 위해서 아르바이트를 하고 있다.

親(おや)は家族(かぞく)のために毎日(まいにち)はたらいている。

부모님은 가족을 위해서 매일 일하신다.

留学 유학　旅行に行く 여행을 가다　家族 가족　はたらく(働く) 일하다

~まで : ~까지

'~까지 계속해서 ~하다'라는 내용에 사용. 행동, 상황이 지속되는 기간

V사전형/N + まで

毎日夜12時までバイトをしている。(まいにち よる じ)

매일 밤 12시까지 아르바이트를 하고 있다.

彼が来るまでカフェで本を読んでいました。(く ほん よ)

그가 올 때까지 카페에서 책을 읽고 있었어요.

大学を卒業するまでは親と一緒に住んだ。(だいがく そつぎょう おや いっしょ す)

대학을 졸업할 때까지는 부모님과 같이 살았다.

カフェ 카페　大学 대학　卒業 졸업　住む 살다

~までに : ~이전까지

어떤 일을 완료해야 하는 '기한'을 말할 때 사용

V사전형/N + までに

レポートは金曜日(きんようび)**までに**出(だ)してください。

리포트는 금요일까지 내 주세요.

電車(でんしゃ)は夜(よる)12時(じ)**までに**全部(ぜんぶ)止(と)まります。

전철은 밤 12시 이전에 모두 멈춥니다.

あなたが着(つ)く**までに**は終(お)わせるから。

니가 도착할 때까지는 끝낼 테니까.

出す 내다　全部 모두　止まる 멈추다　着く 도착하다　終わる 끝나다

* ~ように & ~ために

~ようには 자신이 의도하거나 노력하는 '방향'을, ~ためには 명확한 '목표, 목적'을 표현합니다. 예를 들어 早く起きるために早く寝るようにしている(일찍 일어나기 위해서 일찍 자려고 하고 있다)는 일찍 일어난다는 '목적'을 위해 일찍 자려고 '노력'한다는 의미입니다.

* ~まで & ~までに

~までは 12時まで寝た(12시까지 잤다), 午後まで雨が降った(오후까지 비가 내렸다)와 같이 해당 시점까지 어떤 상황, 행동이 계속 진행되는 경우입니다. 이에 반해 ~までには '기한'을 나타내는 조사로서 '~까지 끝내다/제출하다'와 같이 해당 시점까지 완료했거나 완료해야 하는 일에 사용합니다.

MEMO

~く/~になる : ~게 되다, ~해 지다

상황, 상태의 변화를 설명할 때 사용하는 문형

イAく/ナA어간に + なる

うみ　あそ　かお　くろ
海で遊んだら顔が黒くなった。

바다에서 놀았더니 얼굴이 검게 변했다.

まわ　よる　しず
この回りも夜は静かになる。

이 주변도 저녁에는 조용해진다.

すわ　こし　いた
ずっと座っていると腰が痛くなる。

계속 앉아 있으면 허리가 아파진다(아프다).

海 바다　遊ぶ 놀다　黒い 검다　周り 주변　静かだ 조용하다　座る 앉다　腰 허리

~く/~にする : ~하게 하다

의도적으로 어떤 상태나 상황을 변화시키는 것

イAく/ナA어간に + する

妹(いもうと)はいつも部屋(へや)をきれいにしている。
여동생은 항상 방을 깨끗하고 하고 있다.

歌(うた)う時(とき)は声(こえ)をもっと大(おお)きくして。
노래할 때는 목소리를 더 크게 해.

椅子(いす)をちょっと低(ひく)くしてください。
의자를 조금 낮게 해 주세요.

部屋 방　きれいだ 깨끗하다　歌う 노래하다　声 목소리　椅子 의자　低い 낮다

~ようになる：~하게 되다

결과적으로 ~한 상태가 되었다라는 의미로서 '변화'를 표현

V사전형/가능형 + ようになる (부정：Vない형 + ないようになる)

日本語(にほんご)が少(すこ)し話(はな)せる**ようになりました**。

일본어를 조금 말할 수 있게 되었어요.

今(いま)は辛(から)いものも食(た)べる**ようになった**。

지금은 매운 것도 먹게 되었다.

父(ちち)はタバコを吸(す)わ**ないようになった**。

아버지는 담배를 피우지 않게 되었다.

少し 조금　話せる 말할 수 있다　辛い 맵다　タバコを吸う 담배를 피우다

~ようにする : ~하도록 하다

자신의 의지로 무언가를 하도록 '노력한다'라는 것을 표현

V사전형 + ようにする (부정 : Vない형 + ないようにする)

家(いえ)に帰(かえ)ったらまず手(て)を洗(あら)うようにしている。

집에 돌아오면 우선 손을 씻도록 하고 있다.

もうちょっと早(はや)く寝(ね)て早く起(お)きるようにして。

조금 더 빨리 자고 빨리 일어나도록 해.

これからは遅刻(ちこく)しないようにしてください。

앞으로는 지각하지 않도록 해 주세요.

まず 우선　手 손　洗う 씻다　もうちょっと 조금 더　これから 앞으로　遅刻 지각

* ~く/~になる・する & ~ようになる・する

모두 상태, 상황의 변화를 설명할 때 쓰는 표현입니다. 赤くなった(빨개졌다)와 같이 앞에 형용사가 올 때는 ~く/~になる·する를, 食べるようになった(먹게 되었다)와 같이 앞에 동사가 올 때는 ~ようになる·する를 사용합니다.

~なる와 ~する는 그 변화를 의도한 것인지 아닌지에 따라 구분해 사용합니다. 예를 들어 部屋が暖かくなった(방이 따뜻해졌다)는 자신의 의지와 상관없이 따뜻해진 것, 暖かくした는 보일러를 켜는 등 자신 또는 누군가의 의지로, 의도적으로 방을 따뜻하게 '만든' 상황입니다.

MEMO

~後(あと)で : ~한 후에

시간상 어떤 일 이후에 일어난 일, 상황을 설명

Vた형/Nの + 後で

このカメラは買(か)った**後で**後悔(こうかい)しました。

이 카메라는 사고 나서 후회했어요.

ご飯(はん)を食(た)べた**後で**映画(えいが)を見(み)に行(い)った。

밥을 먹은 후에 영화를 보러 갔다.

飲(の)み会(かい)の**後で**一緒(いっしょ)にカラオケに行った。

회식이 끝난 후 같이 노래방에 갔다.

後悔 후회 映画 영화 飲み会 회식, 술자리 一緒に 같이, 함께

~てから : ~한 다음에

다음 행동을 하기 전에 '미리 하는/할 일'을 강조

Vて형 + から

果物(くだもの)はよく洗(あら)ってから食(た)べて。

과일을 잘 씻은 다음에 먹어.

美容室(びようしつ)はいつも予約(よやく)をしてから行(い)く。

미용실은 항상 예약을 한 다음에 간다.

掃除(そうじ)は窓(まど)を開(あ)けてからしなさい。

청소는 창문을 열고 (나서) 해.

果物 과일 洗う 씻다 美容室 미용실 予約 예약 掃除 청소 窓 창문 開ける 열다

~つもりだ : ~할 생각이다

무언가를 할 것이라는 자신의 의지를 표현. 주로 개인적인 계획

V사전형 + つもりだ (부정 : Vない형 + ないつもりだ)

彼とは別(わか)れるつもりだ。

그 사람하고는 헤어질 생각이다.

日本(にほん)に行(い)くつもりだったが行けなくなった。

일본에 갈 계획이었지만 못 가게 되었다.

試験(しけん)まではバイトをしないつもりです。

시험 때까지는 아르바이트를 하지 않을 생각이에요.

別れる 헤어지다　試験 시험　バイト 아르바이트

～予定(よてい)だ：~할 예정이다

つもり보다 더 확실한 계획, 또는 공식적인 일정에 주로 사용

V사전형/Nの + 予定だ

卒業(そつぎょう)したら帰国(きこく)する**予定です**。

졸업하면 귀국할 예정이에요.

次(つぎ)の試験(しけん)は12月(がつ)13日(にち)の**予定です**。

다음 시험은 12월 13일 예정입니다.

来月(らいげつ)から英会話(えいかいわ)教室(きょうしつ)に通(かよ)う**予定だ**。

다음 달부터 영어 학원에 다닐 예정이다.

卒業 졸업　帰国 귀국　次 다음　試験 시험　英会話 영어회화　通う 다니다

*** ~後で & ~てから**

手を洗ってからご飯を食べる(손을 씻은 후 밥을 먹는다), チケットを見せてから入る(티켓을 보여준 다음에 들어간다)와 같이, 앞의 행동이 뒤의 행동을 위한 준비 또는 조건일 경우에는 ~てから를 써야 자연스럽습니다. ~後で는 앞 뒤 행동 간에 특별한 관계가 없어도 단순히 시간적인 순서를 말하기 위해 사용할 수 있습니다.

*** ~つもりだ & ~予定だ**

~つもり는 주로 내가 결정한 개인적인 계획에 사용하지만 ~予定는 내가 아닌 다른 사람이 결정한 일에도 쓸 수 있습니다. ~つもり는 막연한 계획, ~予定는 거의 확정되어서 실행할 가능성이 높은 계획에 많이 사용합니다.

MEMO

Chapter2 **Review**

1. **くれる・もらう・あげる** : 주다, 받다

昨日あなたがくれたお菓子(かし)おいしかったよ。

2. **~てくれる** : (남이 나에게) ~해 주다

友達(ともだち)がおいしい店(みせ)を教(おし)えてくれた。

3. **~てもらう** : ~해 주는 것을 받다 (~가 나에게 ~을 해주다)

彼に教(おし)えてもらった公園(こうえん)に行(い)ってみた。

4. **~てあげる** : (내가 남에게, 남이 남에게) ~해 주다

友達(ともだち)を空港(くうこう)まで送(おく)ってあげました。

5. **~ようだ** : ~인 듯하다, ~와 같다

Bさんは飲み会に行かないようだ。

(飲み:の, 会:かい)

---

6. **~そうだ** : ~해 보이다, ~일 것 같다

このオムライスとケーキ、おいしそうだ。

---

7. **~らしい** : ~인 것 같다, ~라는 것 같다

雪で電車が止まったらしいです。

(雪:ゆき, 電車:でんしゃ, 止:と)

---

8. **~みたい** : ~인 듯하다, ~라는 것 같다

今日のパーティーには来ないみたい。

(来:こ)

---

9. **~と** : ~하면

勉強をしないと合格はできない。

(勉強:べんきょう, 合格:ごうかく)

---

10. **~たら** : ~하면, ~했더니

駅(えき)に着(つ)いたらメールします。

11. **~ば** : ~하면

誰(だれ)でも練習(れんしゅう)すればできる。

12. **~なら** : ~할 것이라면, ~에 대해서는

あなたが使(つか)わないなら私が使う。

13. **~ほしい** : ~를 갖고 싶다, 원한다

もっと長(なが)い休みがほしい。

14. **~てほしい** : ~해주면 좋겠다, ~하길 바라다

あなたが一緒(いっしょ)にいてほしい。

15. **~たい** : ~하고 싶다

早(はや)く旅行(りょこう)に行(い)きたい！

---

16. **~たがる** : ~하고 싶어하다

彼は誰(だれ)とも話(はな)したがらなかった。

---

17. **~だけ** : ~만, ~뿐

千円(せんえん)で買(か)えるものはこれだけだ。

---

18. **~のみ** : ~만, ~뿐

セールは三日間(みっかかん)のみです。

---

19. **~ばかり** : (거의) ~만

今週(こんしゅう)は野菜(やさい)ばかり食(た)べている。

---

20. **~しか~ない** : ~밖에 없다, ~밖에 하지 않다

きのう さんじかん ね

昨日は3時間しか寝られませんでした。

---

21. **~けど** : ~이지만, ~인데

いま げんき きょねん たいへん

今は元気だけど去年は大変だった。

---

22. **~が** : ~이지만, ~인데

しんかんせん たか はや らく

新幹線は高いですが早くて楽です。

---

23. **~ても** : ~해도, ~라도

ちち あつ

父はいくら暑くてもエアコンをつけない。

---

24. **~のに** : ~인데

とし にんき

とてもきれいな都市なのに人気がない。

---

25. **~ように** : ~하도록

合格(ごうかく)できるように頑張(がんば)ります。

---

26. **~ために** : ~를 위해서

留学(りゅうがく)のために日本語(にほんご)を勉強(べんきょう)しています。

---

27. **~まで** : ~까지

彼が来(く)るまでカフェで本(ほん)を読(よ)んでいました。

---

28. **~までに** : ~이전까지

レポートは金曜日(きんようび)までに出(だ)してください。

---

29. **~く/~になる** : ~게 되다, ~해 지다

ずっと座(すわ)っていると腰(こし)が痛(いた)くなる。

---

30. **~く/~にする** : ~하게 하다

歌(うた)う時(とき)は声(こえ)をもっと大(おお)きくして。

---

31. **~ようになる** : ~하게 되다

日本語(にほんご)が少(すこ)し話(はな)せるようになりました。

---

32. **~ようにする** : ~하도록 하다

家(いえ)に帰(かえ)ったらまず手(て)を洗(あら)うようにしている。

---

33. **~後(あと)で** : ~한 후에

このカメラは買(か)った後で後悔(こうかい)しました。

---

34. **~てから** : ~한 다음에

果物(くだもの)はよく洗(あら)ってから食(た)べて。

---

35. **~つもりだ** : ~할 생각이다

にほん　い
日本に行くつもりだったが行けなくなった。

　　よてい
36. **~予定だ** : ~할 예정이다

つぎ　しけん　　がつ　　にち
次の試験は１２月１３日の予定です。

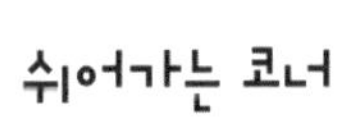

어떤 질문을 해도 대답은 "그렇네요(そうですね)"

TV를 보다 보면 사람들의 인터뷰 장면이 자주 나옵니다. 일상생활에서도 누군가에게 질문을 하고 답하는 상황이 많지요. 일본에서는 이럴 때 항상 귀에 들어오는 말이 있습니다. 바로 そうですね라는 말.

일본 사람들은 어떤 질문을 받으면 가장 먼저 そうですね라고 답하는 경우가 많습니다.

스포츠 경기가 끝난 후 선수에게 소감을 물어도 そうですね, 연예인에게 향후 활동 계획을 물어봐도 そうですね, 전문가에게 어떤 사건에 대한 생각을 물어도 そうですね. 이런 경우 そうですね는 어떤 의미로 쓰이는 것일까요?

상대의 말에 공감하며 생각할 시간을 버는 말

そうですね는 그대로 직역하면 "그렇네요", "그렇지요"입니다. 그런데 본인 생각이나 향후 계획을 물었는데 "그렇네요"는 좀 이상

하지 않나요? 처음 이러한 장면을 보았을 때는 “본인의 생각을 말하라는 거잖아. 뭐가 ‘그렇네요’라는 거야”라고 생각할 수도 있습니다.

하지만 이처럼 일본 사람들이 어떤 질문을 받았을 때 말하는 そうですね는 단순히 “그렇네요”라는 의미는 아닙니다. 상대방이 한 질문을 이해했고 긍정적으로 받아 들인다는 표현인 동시에 답변을 정리할 시간을 벌기 위한 혼잣말 같은 것입니다.

한국에서는 누가 질문을 하면 종종 “음...”, “그게...”, “그러니까 그게...” 등 짧은 말을 하면서 잠시 시간을 끌지요. 일본어에서 そうですね가 바로 그렇게 잠시 생각할 때 하는 습관적인 말이라고 할 수 있습니다. 특별한 의미가 있는 말이 아니기에 통번역을 할 때 이런 말은 대부분 생략합니다.

의미는 없지만 많이 쓰는 말 え~と, あのね, なんか

이외에도 일본인들이 자주 쓰는 일종의 ‘입버릇’과 같은 말들이 있습니다.

평소 편한 사이에서 많이 쓰는 말로는 え~と, え~とね가 있습니다. 단, そうですね는 질문을 받았을 때 쓰는 표현인 반면 え~と는 질문에 대한 답변이 아니라 단순히 자신의 의견을 말할 때 잠시 생각하고자 쓰는 경우가 많다는 점입니다. 회의나 발표에서도 말을 시작할 때 습관적으로 え~と라고 말하는 사람들이 많아서 고쳐야 할 말 습관으로 지적되곤 하지요.

또한 뭔가 말을 꺼낼 때나 할 말이 있어서 사람을 부를 때 자주 쓰는 あの, あのね(여자가 쓰는 말), あのさ(남자가 쓰는 말)도 있습니다. 한국에서 말을 걸거나 시작할 때 종종 "있잖아", "저기요"라고 말하는 것과 비슷합니다.

한국어에서 "뭔가 좀 이상해"라고 할 때의 "뭔가 좀"에 해당하는 なんか 역시 많이 쓰는 입버릇 중 하나입니다. 말 중간중간에 なんか를 몇 번씩이나 쓰는 사람도 적지 않습니다.

'조금'이라는 뜻의 ちょっと도 별 의미없이 반복해서 사용하는 사람이 있지요. 이것 역시 특별한 뜻이 없어 통번역에서는 대부분 생략합니다.

이러한 추임새와 같은 표현은 때로 부드러운 대화에 도움이 되지만 사람들 앞에서 말할 때 과도하게 사용하면 어수선해 보일 수 있으니 주의하는 것이 좋습니다.

Chapter 3.

다양한 표현들, 어휘력 늘리기

~から：~때문에, ~이니까

주로 개인적인 이유나 사정을 설명할 때 사용하는 구어체 표현

V·A·N 보통형 + から

おいしかったからまた食(た)べに行った。

맛이 있어서 또 먹으러 갔다.

明日も休(やす)みだからどこか遊(あそ)びに行こうか？

내일도 휴일이니까 어딘가 놀러 갈까?

ちょっと待(ま)ってね。すぐ行くから。

잠깐만 기다려. 금방 갈 테니까.

また 또　休み 휴일　どこか 어딘가　遊ぶ 놀다　待つ 기다리다　すぐ 금방, 곧바로

~ので：~해서, ~라서

~から보다 정중하고 객관적인 표현. 구어체, 문어체에 모두 사용

V·イA·N 보통형/ナA 명사수식형 + ので(단, N 현재 긍정은 N+なので)

時間(じかん)が遅(おそ)かった**ので**タクシーに乗(の)りました。

시간이 늦어서 택시를 탔어요.

頑張(がんば)ります**ので**よろしくお願(ねが)いします。

열심히 하겠사오니 잘 부탁드립니다.

私は外国人(がいこくじん)な**ので**ビザが必要(ひつよう)です。

저는 외국인이라서 비자가 필요합니다.

時間 시간 遅い 늦다 頑張る 열심히 하다 外国人 외국인 ビザ 비자 必要 필요

~でも : ~라도

① 여러 가지 중 하나를 예로 들 때 ② '의문사+でも'는 '모두'라는 의미

N + でも

今日(きょう)はパスタでも食(た)べようか。

오늘은 파스타라도 먹을까?

暇(ひま)なら一緒(いっしょ)に散歩(さんぽ)でも行(い)かない？

한가하면 같이 산책이라도 안 갈래?

ラーメンは誰(だれ)でも作(つく)れる食(た)べ物(もの)だ。

라면은 누구라도 만들 수 있는 음식이다.

パスタ 파스타　暇だ 한가하다　散歩 산책　誰 누구

~にする：~로 하다

무언가를 선택, 결정할 때 사용하는 표현

N + にする

なに　た
「何を食べる？」「私はカレーライスにする」

"뭐 먹을래?" "나는 카레라이스로 할래."

こんかい　あか
今回のヘアーは明るいカラーにした。

이번 머리는 밝은 컬러로 했다.

つぎ　はっぴょう　らいしゅう　か よう び
次の発表は来週の火曜日にしましょうか。

다음 발표는 다음주 화요일로 할까요?

今回 이번　明るい 밝다　次 다음　発表 발표　来週 다음주

~はずだ : 분명 ~일 것이다

기존의 정보 등에 근거한 자신의 강한 추측

V·イA 보통형/ナA·N 명사수식형 + はずだ

何回(なんかい)も話(はな)したから覚(おぼ)えている**はずだ**。

몇 번이나 말했으니까 분명 기억하고 있을 것이다.

5年(ごねん)も留学(りゅうがく)したなら日本語(にほんご)は上手(じょうず)な**はずだ**。

5년이나 유학을 했으면 일본어는 분명 잘 할 것이다.

彼はまじめだから遅刻(ちこく)はしない**はずだ**。

그는 성실하니까 지각은 하지 않을 것이다.

何回 몇 번 覚える 기억하다 留学 유학 上手だ 잘하다 まじめだ 성실하다 遅刻 지각

~かもしれない：~일 지도 모른다

자신의 불확실한 추측. 친한 사이에는 ~かも라고만 말하기도 함

V·A·N 보통형 + かもしれない (단, 현재 긍정에서 ナA, N 뒤의 だ는 생략)

電話(でんわ)に出(で)ない。まだ寝(ね)ているかもしれない。

전화를 안 받아. 아직 자고 있을 지도 몰라.

今日(きょう)は晴(は)れだけど明日(あした)は雨(あめ)かもしれない。

오늘은 맑지만 내일은 비가 올 지도 몰라.

田中(たなか)さんは忙(いそが)しくて昨日行(い)けなかったかも。

다나카상은 바빠서 어제 못 갔을 수도 있어.

電話に出る 전화를 받다　晴れだ 맑다　忙しい 바쁘다

~てすみません：~해서 죄송합니다

상대방에게 자신의 실수나 잘못을 사과하는 표현

Vて형 + すみません (부정 : Vない형 + なくてすみません)

返事(へんじ)が遅(おそ)くなってすみません。

답장이 늦어져서 죄송합니다.

朝早(あさはや)い時間(じかん)に電話(でんわ)してすみません。

아침 이른 시간에 전화해서 죄송합니다.

先(さき)に連絡(れんらく)できなくてすみませんでした。

미리 연락하지 못해서 죄송했습니다.

返事 답장　朝早い 아침 일찍　時間 시간　先に 미리, 먼저　連絡 연락

~てくれてありがとう：~해줘서 고마워

상대방이 나에게 무언가 해 준 것에 대한 감사의 마음을 전달

Vて형 + くれてありがとう

いつも心配(しんぱい)してくれてありがとう。

항상 걱정해 줘서 고마워.

遠(とお)いところまで来(き)てくれてありがとう。

먼 곳까지 와 줘서 고마워.

あなたも忙(いそが)しいのに手伝(てつだ)ってくれてありがとう。

너도 바쁜데 도와줘서 고마워.

心配 걱정　遠い 멀다　ところ 곳　忙しい 바쁘다　手伝う 돕다

~好(す)きだ : ~을 좋아하다

앞에 조사 '~が'를 쓰는 것이 원칙. 강조할 때는 大好き(だいすき)

V사전형の/N + が + 好きだ

日本(にほん)の映画(えいが)が**好きだ**。

일본 영화를 좋아한다.

カラオケで歌(うた)うのが**大好きです**。

노래방에서 노래하는 것을 정말 좋아해요.

昔(むかし)から甘(あま)い物(もの)は**好きではなかった**。

예전부터 단 것은 좋아하지 않았어.

映画 영화　カラオケ 노래방　歌う 노래하다　昔 예전　甘い 달다

~嫌(きら)いだ：~을 싫어하다

앞에 조사 '~が'를 쓰는 것이 원칙. 강조할 때는 大嫌い(だいきらい)

V사전형の/N + が + 嫌いだ

果物(くだもの)の中(なか)ではブドウが**嫌いだ**。

과일 중에서는 포도를 싫어한다.

いつも文句(もんく)を言(い)う人(ひと)が**嫌いです**。

항상 불평을 하는 사람이 싫어요.

運動(うんどう)するのが**嫌いではない**が、好きでもない。

운동하는 것을 싫어하지 않지만 좋아하지도 않는다.

果物 과일　~中 ~중　ブドウ 포도　文句を言う 불평을 하다　運動 운동

上手だ(じょうず) : ~을 잘한다

장기, 잘 하는 것을 표현. 앞에는 조사 '~が'를 쓰는 것이 원칙

V사전형の/N + が + 上手だ

真子(まこ)ちゃんはダンスが**上手だ**。

마코짱은 춤을 잘 춘다.

あの友達(ともだち)は学生(がくせい)の時(とき)から絵(え)が**上手でした**。

그 친구는 학생 때부터 그림을 잘 그렸어요.

母(はは)は料理(りょうり)があまり**上手じゃない**。

엄마는 요리를 그리 잘하지 못한다.

本当に 정말로　~時 ~때　絵 그림　料理 요리　あまり 별로

下手(へた)だ : ~잘 못한다, 서투르다

잘 못하는 것을 표현. 앞에는 조사 '~が'를 쓰는 것이 원칙

V사전형の/N + が + 下手だ

うちの家族(かぞく)はみんな運動(うんどう)が**下手だ**。

우리 가족은 모두 운동을 잘 못한다.

まだ日本語(にほんご)で話(はな)すのが**下手です**。

아직 일본어로 말하는 것이 서툴러요.

歌(うた)が**下手な**父(ちち)だが、声(こえ)だけはとてもいい。

노래를 잘 못하는 아빠지만 목소리만은 정말 좋다.

家族 가족　運動 운동　話す 말하다　歌 노래　声 목소리　とても 매우

~前に(まえ)：~전에

어떤 행동을 하기 전, 또는 어떤 일이 일어나기 이전을 의미

V사전형/Nの + 前に

母が起(お)きる**前に**家(いえ)を出(で)た。

엄마가 일어나기 전에 집을 나왔다.

国(くに)に帰(かえ)る**前に**また会(あ)いましょう。

귀국하기 전에 또 만납시다.

食事(しょくじ)の**前に**お菓子(かし)なんか食(た)べるな。

식사 전에 과자 같은 것 먹지 마.

起きる 일어나다　国に帰る 귀국하다　食事 식사　お菓子 과자　~なんか ~같은 것

~間(あいだ)に : ~동안에

어떤 일을 계속하고 있는 상황, 혹은 어떤 상태가 계속되는 기간을 의미

V사전형/Vない형+ない/イAい/ナAな/Nの + 間に

日本(にほん)にいる**間に**旅行(りょこう)をたくさんしたい。

일본에 있는 동안에 여행을 많이 하고 싶다.

休(やす)みの**間に**ミュージカルを2回(かい)も見(み)ました。

휴가 중에 뮤지컬을 2번이나 봤어요.

私がいない**間に**何(なに)かあったら連絡(れんらく)して。

내가 없는 동안 무슨 일 있으면 연락해.

旅行 여행　休み 휴가　~回 ~회, ~번　何か 무언가, 무슨 일　連絡 연락

~まま：~한 채, ~한 그대로

어떤 상태가 변하지 않고 그대로 지속되는 상황

Vた형/Vない형/イAい/ナAな/Nの + まま

昨日(きのう)はテレビをつけたまま寝(ね)てしまった。

어제는 TV를 켠 채로 자 버렸다.

久(ひさ)しぶりに会(あ)った友達(ともだち)はきれいなままだった。

오랜만에 만난 친구는 변함없이 예뻤다.

今(いま)のまま、何(なに)も変(か)わらないでほしい。

지금 이대로, 아무 것도 변하지 않으면 좋겠다.

テレビをつける TV를 켜다　久しぶりに 오랜만에　変わる 변하다, 달라지다

~ながら：~하면서

두 가지 행동을 동시에 하는 상황을 설명

Vます형 + ながら

歩(ある)きながらスマホを見(み)ると危(あぶ)ないよ。

걸으면서 스마트폰을 보면 위험해.

水(みず)でも飲(の)みながらゆっくり食(た)べて。

물이라도 마시면서 천천히 먹어.

彼は音楽(おんがく)を聴(き)きながら本(ほん)を読(よ)んでいた。

그는 음악을 들으면서 책을 읽고 있었다.

歩く 거다　危ない 위험하다　ゆっくり 천천히　音楽 음악　聴く 듣다

~始(はじ)める : ~하기 시작하다

① 어떤 행동을 시작하는 것 ② 어떤 상황이 시작되는 것

Vます형 + 始める

午後(ごご)になったら雨(あめ)が降(ふ)り**始めた**。

오후가 되니 비가 내리기 시작했다.

先月(せんげつ)から日本語(にほんご)を習(なら)い**始めました**。

지난 달부터 일본어를 배우기 시작했어요.

寒(さむ)くなり**始めた**ので冬(ふゆ)のコートを出(だ)した。

추워지기 시작해서 겨울 코트를 꺼냈다.

午後 오후 止まる 멈추다 先月 지난 달 習う 배우다 冬 겨울

~出(だ)す : ~하기 시작하다, ~꺼내다

① 어떤 행동을 갑자기 시작하는 것 ② 무언가를 안에서 밖으로 꺼내는 것

Vます형 + 出す

テレビを見(み)ていた娘(むすめ)がいきなり泣(な)き**出した**。

TV를 보고 있던 딸 아이가 갑자기 울기 시작했다.

散歩(さんぽ)の時、犬(いぬ)が走(はし)り**出して**びっくりした。

산책할 때, 개가 갑자기 달리기 시작해 깜짝 놀랐다.

カバンからカギを取(と)り**出して**ドアを開(あ)けた。

가방에서 열쇠를 (잡아) 꺼내서 문을 열었다.

泣く 울다　いきなり 갑자기　散歩 산책　カギ 열쇠　取る 잡다　開ける 열다

~終(お)わる：다 ~하다

① 어떤 행동을 끝까지 다 하는 것　② 어떤 상태, 상황이 끝나는 것

Vます형 + 終わる

パソコン、使(つか)い終わったら消(け)して。

컴퓨터 다 쓰고 나면 꺼.

大変(たいへん)だったレポートがやっと書(か)き終わった。

힘들었던 리포트를 드디어 다 썼다.

彼はコーヒーを飲(の)み終わる前(まえ)に帰(かえ)ってしまった。

그는 커피를 다 마시기 전에 돌아가 버렸다.

使う 쓰다, 사용하다　大変だ 힘들다　レポート 리포트　やっと 드디어

~続(つづ)ける：계속 ~하다

① 어떤 행동을 계속하는 것 ② 어떤 상태, 상황이 계속 이어지는 것

Vます형 + 続ける

朝(あさ)から雪(ゆき)が降(ふ)り**続けている**。

아침부터 눈이 계속 내리고 있다.

1時間(いちじかん)も待(ま)ち**続けた**けど彼は来(こ)なかった。

1시간이나 계속 기다렸지만 그는 오지 않았다.

誰(だれ)でも練習(れんしゅう)をし**続ければ**できる。

누구나 계속 연습하면 할 수 있다.

朝 아침 雪 눈 待つ 기다리다 誰でも 누구나 練習 연습

~こと/もの : ~것

① もの : 사물을 의미하는 '~것' ② こと : 행동, 상황 등을 의미하는 '~것'

V·イA 보통형/ナA·N 명사수식형 + こと/もの

今(いま)あなたが食(た)べている**もの**は何(なに)?

지금 니가 먹고 있는 건 뭐야?

私は走(はし)る**こと**が好(す)きではない。

나는 달리는 것을 좋아하지 않아.

ひらがなを読(よ)む**こと**はできます。

히라가나를 읽는 것은 가능해요.

走る 달리다　好きだ 좋아하다　読む 읽다　できる 가능하다, 할 수 있다

~の：~것, ~의 것

① こと/もの 대신 사용　② 명사+の는 '~의 것'이라는 의미로도 사용

V·イA 보통형/ナA·N 명사수식형 + の

彼が言(い)ったのは全部(ぜんぶ)ウソでした。

그가 말한 것은 전부 거짓말이었어요.

今(いま)使(つか)っているのは10年前(じゅうねんまえ)に買(か)ったカバンだ。

지금 쓰고 있는 것은 10년 전에 산 가방이다.

「これ、誰(だれ)のもの？」「それ、私の！」

"이거 누구 거?" "그거, 내 거야!"

全部 전부　ウソ 거짓말　買う 사다　誰 누구

~方(かた) : ~하는 법

동사에 연결해서 '~하는 방법'이라는 의미로 사용

Vます형 + 方

このカメラ、まだ使(つか)い方がよく分(わ)からない。

이 카메라, 아직 사용법을 잘 몰라.

今日はカタカナの書(か)き方を習(なら)いました。

오늘은 가타카나 쓰는 법을 배웠습니다.

キムチの作(つく)り方が知(し)りたいですが。

김치 만드는 방법을 알고 싶은데요.

カメラ 카메라　使う 사용하다　習う 배우다　知る 알다

~という：~라고 하는, ~라고 한다

① 명사+という는 '~라고 하는' ② 문장 맨 끝의 という는 '~라고 한다'

N + という

近くに「トモダチ」**という**カフェができた。

근처에 '도모다치'라는 카페가 생겼다

韓国(かんこく)のジェジュド**という**島(しま)を知(し)っていますか。

한국의 제주도라는 섬을 아세요?

来月(らいげつ)から電気代(でんきだい)が上(あ)がる**という**。

다음 달부터 전기세가 오른다고 한다.

近くに 근처에　できる 생기다　島 섬　電気代 전기요금　上がる 오르다

~や : ~랑, ~와

몇 가지를 예로 들 때 사용. ~や ~など(~와 ~등)의 형태로 자주 사용

N+や+N

お弁当(べんとう)はスーパーやコンビニで売(う)っています。

도시락은 슈퍼나 편의점에서 팔고 있습니다.

朝(あさ)はパンやヨーグルトなどを簡単(かんたん)に食(た)べる。

아침에는 빵이나 요구르트 등을 간단하게 먹는다.

部屋(へや)のデスクや椅子(いす)を新(あたら)しく買(か)いました。

방의 책상, 의자를 새로 샀어요.

お弁当 도시락　売る 팔다　簡単に 간단하게　部屋 방　椅子 의자

~とか : ~라든가, ~나

2가지 이상의 것을 나열할 때 사용. や와 거의 동일하게 활용

N + とか + N

ケーキとかビスケットとかがほしい。

케익이나 비스켓 같은 것을 원해(먹고 싶어).

家(いえ)ではカップ麺(めん)とかパンとかをよく食べます。

집에서는 컵라면이나 빵 같은 것을 자주 먹어요.

今日はAさんとかBさんとか先輩(せんぱい)が多(おお)かった。

오늘은 A나 B 등 선배들이 많았다.

ケーキ 케이크　ビスケット 비스켓　カップ麺 컵라면　先輩 선배

~し：~하기도 하고

비슷한 내용을 나열. 주로 상황, 행동의 '이유'를 설명할 때 사용

V·A·N 보통형 + し

雨(あめ)も降(ふ)っている**し**、寒(さむ)いから家(いえ)で休(やす)もう。

비도 내리고 있고 추우니까 집에서 쉬자.

あの先生(せんせい)、人気でしょ？ハンサムだ**し**、優(やさ)しいから。

저 선생님은 인기 많지? 잘생긴데다 자상하니까.

疲(つか)れた**し**、何(なに)か飲(の)みたかったのでカフェに入(はい)った。

피곤하기도 했고 뭔가 마시고 싶어서 카페에 들어갔다.

寒い 춥다　休む 쉬다　人気 인기　優しい 자상하다　疲れる 피곤하다, 지치다

~かな(ぁ)：~할까, ~하려나

불확실한 것에 대한 의문 표현. 혼잣말에 자주 사용

V·A·N 보통형 + かな(단, 현재 긍정에서 ナA, N 뒤의 だ는 생략)

仕事も終わったし、そろそろ帰ろうかなぁ。

일도 끝났으니 슬슬 집에 갈까.

ミヤちゃん今日の試験大丈夫だったかな。

미야짱 오늘 시험 괜찮았으려나

まだ部長いるかな。聞きたいことがあるけど。

아직 부장님 있으려나. 물어보고 싶은 것이 있는데.

仕事 일　終わる 끝나다　そろそろ 슬슬　試験 시험　大丈夫だ 괜찮다　部長 부장

~(た)ほうがいい : ~하는 편이 좋다

권유, 충고할 때 자주 사용. 부정 표현은 ~ないほうがいい

Vた형/Vない형 + ほうがいい

寝(ね)る前(まえ)のおやつは止(や)めたほうがいいよ。

자기 전의 간식은 그만두는 게 좋아.

あの人(ひと)とは連絡(れんらく)しないほうがいいと思(おも)う。

그 사람과는 연락하지 않는 편이 좋을 것 같아.

もう8時だよ。そろそろ起(お)きたほうがいいんじゃない？

벌써 8시야. 슬슬 일어나는 게 좋지 않겠어?

おやつ 간식　止める 그만두다　連絡 연락　起きる 일어나다

Aより(は)Bのほうが : A보다(는) B가 더~

'둘 중에 ~가 더 ~하다'라고 비교할 때 사용하는 표현

(V보통형/N) + より(は) + (V보통형/Nの) + ほうが

うちの家族(かぞく)はみんなご飯(はん)よりパンのほうが好き。

우리 가족은 모두 밥보다 빵을 더 좋아해.

やっぱり平日(へいじつ)より週末(しゅうまつ)のほうが車(くるま)が多(おお)いね。

역시 평일보다 주말에 차가 더 많네.

行(い)かないよりは遅(おそ)くでも行ったほうがいいと思(おも)う。

안 가는 것 보다는 늦더라도 가는 편이 나을 것 같아.

家族 가족　やっぱり 역시　平日 평일　週末 주말　車 자동차　遅い 늦다

AとB(と)、どちらが~ : A와 B 중에서 어느 쪽이~

두 가지를 비교해서 말하거나 물어볼 때 사용

N + と + N + (と)、どちらが~

映画(えいが)とアニメと、どちらが好(す)きですか。

영화와 애니메이션 중 어느 쪽을 좋아해요?

デザートはケーキとアイスとどちらがいい？

디저트는 케이크와 아이스 중 어느 쪽이 좋아?

韓国(かんこく)と日本(にほん)、どちらが過(す)ごしやすいと思う？

한국과 일본 중 어느 쪽이 더 지내기 편하다고 생각해?

映画 영화　アニメ 애니메이션　デザート 디저트　過ごす 지내다, 생활하다

~の中(なか)でAがいちばん~ : ~중에서는 A가 가장~

여러 개가 있는 상황에서 가장 ~한 한 가지를 선택

N + の中で + N + がいちばん

旅行(りょこう)の中でいちばん楽(たの)しかったことは？

여행 중에서 가장 즐거웠던 것은?

日本のアイドルの中では嵐(あらし)がいちばん好(す)きです。

일본 아이돌 중에서는 아라시를 가장 좋아해요.

日本語勉強(にほんごべんきょう)の中でいちばん難(むずか)しいのは漢字(かんじ)でした。

일본어 공부 중에서 가장 어려운 것은 한자였어요.

旅行 여행　楽しい 즐겁다　勉強 공부　難しい 어렵다　漢字 한자

Chapter3 **Review**

1. **~から** : ~때문에, ~이니까

おいしかったからまた食(た)べに行った。

---

2. **~ので** : ~해서, ~라서

私は外国人(がいこくじん)なのでビザが必要(ひつよう)です。

---

3. **~でも** : ~라도

今日(きょう)はパスタでも食(た)べようか。

---

4. **~にする** : ~로 하다

「何(なに)を食(た)べる？」「私はカレーライスにする」

---

5. **~はずだ** : 분명 ~일 것이다

5年(ごねん)も留学(りゅうがく)したなら日本語(にほんご)は上手(じょうず)なはずだ。

6. **~かもしれない** : ~일 지도 모른디

電話(でんわ)に出(で)ない。まだ寝(ね)ているかもしれない。

7. **~てすみません** : ~해서 죄송합니다

返事(へんじ)が遅(おそ)くなってすみません。

8. **~てくれてありがとう** : ~해줘서 고마워

あなたも忙(いそが)しいのに手伝(てつだ)ってくれてありがとう。

9. **~好(す)きだ** : ~을 좋아하다

日本(にほん)の映画(えいが)が好きだ。

10. **~嫌(きら)いだ** : ~을 싫어하다

果物(くだもの)の中(なか)ではブドウが嫌いだ。

11. **上手(じょうず)だ** : ~을 잘한다

母(はは)は料理(りょうり)があまり上手じゃない。

12. **下手(へた)だ** : ~잘 못한다, 서투르다

うちの家族(かぞく)はみんな運動(うんどう)が下手だ。

13. **~前(まえ)に** : ~전에

食事(しょくじ)の前にお菓子(かし)なんか食(た)べるな。

14. **~間(あいだ)に** : ~동안에

私がいない間に何(なに)かあったら連絡(れんらく)して。

15. **~まま** : ~한 채, ~한 그대로

昨日(きのう)はテレビをつけたまま寝(ね)てしまった。

16. **~ながら** : ~하면서

水(みず)でも飲(の)みながらゆっくり食(た)べて。

17. **~始(はじ)める** : ~하기 시작하다

午後(ごご)になったら雨(あめ)が降(ふ)り始めた。

18. **~出(だ)す** : ~하기 시작하다, ~꺼내다

テレビを見(み)ていた娘(むすめ)がいきなり泣(な)き出した。

19. **~終(お)わる** : 다 ~하다

大変(たいへん)だったレポートがやっと書(か)き終わった。

20. **~続(つづ)ける** : 계속 ~하다

朝(あさ)から雪(ゆき)が降(ふ)り続けている。

---

21. **~こと/もの** : ~것

ひらがなを読(よ)むことはできます。

---

22. **~の** : ~것, ~의 것

「これ、誰(だれ)のもの？」「それ、私の！」

---

23. **~方(かた)** : ~하는 법

今日はカタカナの書(か)き方を習(なら)いました。

---

24. **~という** : ~라고 하는, ~라고 한다

近くに「トモダチ」というカフェができた。

---

25. **~や** : ~랑, ~와

お弁当(べんとう)はスーパー**や**コンビニで売(う)っています。

26. **~とか** : ~라든가, ~나

ケーキ**とか**ビスケット**とか**がほしい。

27. **~し** : ~하기도 하고

雨(あめ)も降(ふ)っている**し**、寒(さむ)いから家(いえ)で休(やす)もう。

28. **~かな(ぁ)** : ~할까, ~하려나

ミヤちゃん今日(きょう)の試験(しけん)大丈夫(だいじょうぶ)だった**かな**。

29. **~(た)ほうがいい** : ~하는 편이 좋다

あの人(ひと)とは連絡(れんらく)しない**ほうがいい**と思(おも)う。

30. **Aより(は)Bのほうが** : A보다(는) B가 더~

うちの家族（かぞく）はみんなご飯（はん）よりパンのほうが好き。

31. **AとB(と)、どちらが~** : A와 B 중에서 어느 쪽이~

デザートはケーキとアイスとどちらがいい？

32. **~の中（なか）でAがいちばん~** : ~중에서는 A가 가장~

日本語勉強（にほんごべんきょう）の中でいちばん難（むず）しいのは漢字（かんじ）でした。

Final Review

책에 나온 예문을 떠올리면서 괄호 안에 들어갈 말을 써 보세요

1. 資料は私が(   )。

   자료는 제가 **들겠습니다**. (P.75)

2. 日本語で(   )本はまだ難しい。

   일본어로 **쓰여진** 책은 아직 어려워. (P.66)

3. 友達はほとんど(   )。

   친구들은 대부분 **결혼했어요**. (P.36)

4. (   )スマホを見ると危ないよ。

   걸으면서 스마트폰을 보면 위험해. (P.171)

5. あの映画は(   )。

   그 영화는 **보지 않았으면 좋았을 텐데**. (=보지 말 걸 그랬다) (P.104)

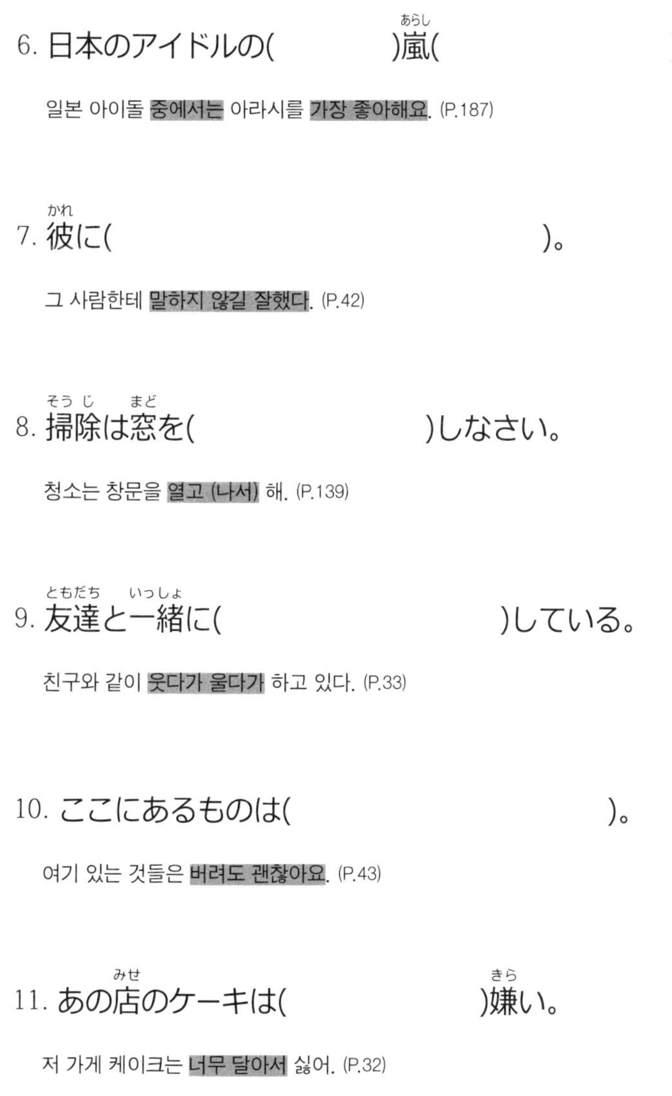

6. 日本のアイドルの(　　　　　)嵐(　　　　　　　　)。

일본 아이돌 **중에서는** 아라시를 **가장 좋아해요**. (P.187)

7. 彼に(　　　　　　　　　　　　　　)。

그 사람한테 **말하지 않길 잘했다**. (P.42)

8. 掃除は窓を(　　　　　　　　　)しなさい。

청소는 창문을 **열고 (나서)** 해. (P.139)

9. 友達と一緒に(　　　　　　　　　　)している。

친구와 같이 **웃다가 울다가** 하고 있다. (P.33)

10. ここにあるものは(　　　　　　　　　　　)。

여기 있는 것들은 **버려도 괜찮아요**. (P.43)

11. あの店のケーキは(　　　　　　　)嫌い。

저 가게 케이크는 **너무 달아서** 싫어. (P.32)

12. ここには私が(　　　　　　　　　　　　)服(ふく)がない。

여기에는 내가 **사려고 했던** 옷이 없다. (P.57)

13. ちょっとコーヒーを(　　　　　　　　　　　　)。

잠깐 커피 **마시러 왔어요**. (P.50)

14. (　　　　　　　　)、何(なに)も変(か)わらないでほしい。

지금 이대로, 아무 것도 변하지 않으면 좋겠다. (P.170)

15. (　　　　　　　　)、韓国(かんこく)！

힘내라 한국! (P.60)

16. 初(はじ)めて(　　　　　　　　　　)ケーキです。

처음 **만들어 본** 케이크입니다. (P.38)

17. 今日(きょう)は晴(は)れだけど明日(あした)は(　　　　　　　　　　　　)。

오늘은 맑지만 내일은 **비가 올 지도 몰라**. (P.161)

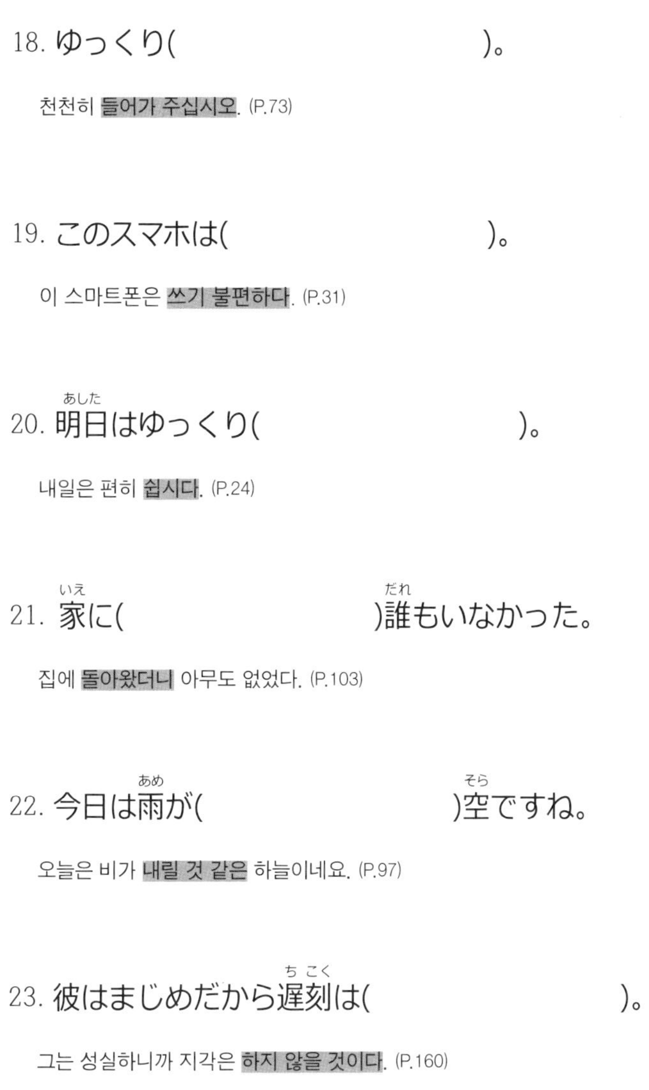

18. ゆっくり(　　　　　　　　　　　　　　　)。

천천히 **들어가 주십시오**. (P.73)

19. このスマホは(　　　　　　　　　　　　　　　)。

이 스마트폰은 **쓰기 불편하다**. (P.31)

20. 明日(あした)はゆっくり(　　　　　　　　　　　　　　　)。

내일은 편히 **쉽시다**. (P.24)

21. 家(いえ)に(　　　　　　　　　　　　　　　)誰(だれ)もいなかった。

집에 **돌아왔더니** 아무도 없었다. (P.103)

22. 今日は雨(あめ)が(　　　　　　　　　　　　　　　)空(そら)ですね。

오늘은 비가 **내릴 것 같은** 하늘이네요. (P.97)

23. 彼はまじめだから遅刻(ちこく)は(　　　　　　　　　　　　　　　)。

그는 성실하니까 지각은 **하지 않을 것이다**. (P.160)

24. 外(そと)がよく(　　　　　　　　　　)大(おお)きな窓(まど)を作(つく)った。

밖이 잘 **보이도록** 큰 창문을 만들었다. (P.126)

25. 使(つか)えるものは(　　　　　　　　　　)。

쓸 수 있는 것은 **이것밖에 없다**. (P.117)

あ

か

た

す

な